联盟政治与强制外交

基于联盟凝聚力的阐释框架

李 杉——————著

时 事 出 版 社
北 京

图书在版编目(CIP)数据

联盟政治与强制外交:基于联盟凝聚力的阐释框架 / 李杉著.
—北京:时事出版社,2021.6
ISBN 978-7-5195-0384-0

Ⅰ.①联… Ⅱ.①李… Ⅲ.①国际政治—研究 Ⅳ.①D5

中国版本图书馆 CIP 数据核字(2021)第 105726 号

出 版 发 行:时事出版社
地　　　址:北京市海淀区彰化路 138 号西荣阁 B 座 G2 层
邮　　　编:100097
发 行 热 线:(010)88869831　88869832
传　　　真:(010)88869875
电 子 邮 箱:shishichubanshe@ sina. com
网　　　址:www. shishishe. com
印　　　刷:北京良义印刷科技有限公司

开本:787×1092　1/16　印张:12.25　字数:180 千字
2021 年 6 月第 1 版　2021 年 6 月第 1 次印刷
定价:75.00 元

本书出版获中央高校基本科研业务费以及上海外国语大学学术著作出版资助

本书为上海外国语大学校级一般科研项目（青年基金）“联盟政治与强制外交”（项目编号：2014114042）研究成果

谨以此书献给我的父母

——目 录——

contents

导 论

“谁是我们的敌人？谁是我们的朋友？这个问题是革命的首要问题。”

——毛泽东《中国社会各阶级的分析》

“是故百战百胜，非善之善者也；不战而屈人之兵，善之善者也。”

——《孙子兵法·谋攻篇》

回顾人类社会产生和发展的历史，从个人之间的交往，到集体之间的互动，乃至国家之间的博弈，团结、拉拢朋友，威胁、强制敌人的现象屡见不鲜。在国际关系领域，学者通过对这两种现象的研究，形成了“联盟”和“强制”理论。遗憾的是，尽管实践中联盟之间强制与反强制的博弈不断上演，但现有研究仍很少将“联盟”置于“强制”这一战略互动过程中去考察，仍没能完全打通“联盟”与“强制”之间的理论连通。因此，本书所要关注的是，联盟成员内部的政治博弈与联盟之间的强制反强制斗争是如何相互作用的。笔者认为，强制作为联盟的重要功能，必须将“联盟政治”放置于“强制外交”的战略性互动中去检验，才能更为全面地认识“联盟”和“强制”两种理论和实践。

一、选题价值

（一）“联盟”和“强制”是人类社会的经典命题

“联盟”和“强制”都是人类社会的古老现象，甚至可以说，两者是伴随人类出现而一直存在的经典命题。

人类要生存，要以相对弱小的力量对抗严酷的自然环境和飞禽走兽的威胁，导致了人类的群居生活，即人类必须要“联合”起来，才能获取衣食所需和人身安全，由此产生了村落、部落。村落、部落的出现及随之而起的人类群体间的战争，让人类意识到“同盟”的重要性和必要性，即联合谁和打击谁，这种“联合”与“兼并”进一步促成了国家的出现。遗憾的是，国家的建立并没有摆脱“战争”这一顽疾，敌友之辨、合纵之道、连横之术，成为人类历史发展乐曲的重要篇章。中国古代的“歃血为盟”，以强烈的仪式感记录了中国古人对于结盟的重视。

虽然“强制外交”这一概念诞生于20世纪90年代学者基于冷战史的研究，但“强制”的实践恐怕跟“联盟”实践的历史一样漫长。“战争”和“武力”作为人类社会矛盾积累和爆发的极端形式，其高成本性和高破坏性决定了它无法被频繁使用。因此，基于威胁的强制，则成为人类更易于寻求的方法和手段。中国军事家和政治家所推崇的“不战而屈人之兵”、西方的“大棒加胡萝卜”，是实实在在发生于日常生活当中、伴随人类历史发展始终的存在。

及至工业革命、民族国家诞生，欧洲国家间“联盟”与“制衡”的循环、“强制”与“战争”的交织，连同资本主义的生产方式一起将整个世界联系起来，“联盟”和“强制”似乎成为了国际政治领域的永恒命题。欧洲国家间的纵横捭阖、兵连祸结将全世界裹挟进来，联盟之间的战争最终演变成为两次世界大战。伴随二战结束的是世界迅速陷入两极化的陷阱，国际政治的舞台撕裂为东西方两大阵营、两大联盟。核武器的发明，使两大阵营爆发全面战争的后果变得不可承受，因此，两大联盟间的对抗，频繁以低烈度的基于威胁的强制战略的形式上演。古巴导弹危机、两次柏林危机中两大阵营强制与反强制的较量，虽避免了全面战争的厄运，却也是在核战争的边缘游走。

（二）“联盟”与“强制”是国际关系研究的重要中观理论

国际关系中“联盟”与“强制”的实践，引起学界的关注和研究。两次世界大战和冷战的经验，进一步催生了学界对这两项议题的关注，逐渐形成了关于“联盟”和“强制”的中观理论（Middle－range Theory）。[①]

关于联盟，西方国际关系学界比较一致的看法是，联盟的重要性是显而易见的，可以说它是国际政治的核心特征、必要功能

① “中观理论”一词由美国社会学家罗伯特·默顿（Robert K. Merton）提出，它是指一种理论形成的方法和路径。中观理论的目的是连通理论和实践的研究，它起始于对经验现象而非抽象实体的研究，并从中得出可以被验证的一般性结论。参见［美］罗伯特·K. 默顿著，唐少杰、齐心等译：《社会理论和社会结构》，译林出版社，2015 年版。

或者普遍的构成要素。[①] 因此，学界围绕联盟问题产生了丰富的研究成果。从研究议题来看，学者对联盟的形成条件、形成目的，联盟的种类、功能，联盟的内部管理和联盟为何终止等问题进行了研究。从研究范式来看，联盟研究开始于传统现实主义的“均势”理论，[②] 而影响最大的当属新现实主义的联盟形成理论、威胁平衡理论和联盟困境理论等。[③] 20 世纪八九十年代开始，自由制度主义和建构主义学派，又开始将国际制度、观念、认同等理论视角引入联盟研究，进一步丰富了联盟理论。[④] 从研究层次来看，大

---

① 乔治·莫德尔斯基认为联盟是国际关系研究的重要术语，参见 George Modelski, “The Study of Alliance: A Review”, *Journal of Conflict Resolution*, 7, No. 4, 1963, p. 773。朱利安·弗里德曼则认为，联盟是国际政治的核心特征，参见 Julian Friedman, “Alliance in International Politics”, in Julian Friedman, Christopher Bladen, and Steven Rosen, eds., *Alliance in International Politics*, Boston, 1970。汉斯·摩根索将联盟看作是在多极国家体系中均势能够发挥作用的必要功能，参见 Hans J. Morgenthau, “Alliance in Theory and Practice”, in Arnold Wolfers, ed., *Alliance Policy in the Cold War*, Baltimore, Md., 1959, p. 175。奥利·霍尔斯蒂的观点认为，在任何时空条件下，联盟都是政治单元之间关系的一种普遍的构成要素，参见 Ole Holsti, P. Terrence Hopmann, and John D. Sullivan, *Unity and Disintegration in International Alliance*, New York, 1973, p. 2。转引自［美］斯蒂芬·沃尔特著，周丕启译：《联盟的起源》，北京大学出版社，2007 年版，第 1 页。

② Hans J. Morgenthau, *Politics Among Nations: The Struggle for Power and Peace*, New York: McGraw – Hill, 1985；［英］马丁·怀特著，［英］赫德利·布尔、卡斯滕·霍尔布莱德编，宋爱群译：《权力政治》，世界知识出版社，2004 年版。

③ ［美］肯尼思·华尔兹著，信强译，苏长和校：《国际政治理论》，上海人民出版社，2014 年版；［美］斯蒂芬·沃尔特著，周丕启译：《联盟的起源》，北京大学出版社，2007 年版；Glenn H. Snyder, *Alliance Politics*, Ithaca and London: Cornell University Press, 1997。

④ 于铁军：“国际政治中的同盟理论：进展与争论”，载《欧洲》，1999 年第 5 期；［美］罗伯特·基欧汉著，苏长和等译：《霸权之后：世界政治经济中的合作与纷争》，上海人民出版社，2001 年版；［美］罗伯特·基欧汉、约瑟夫·奈著，门洪华译：《权力与相互依赖》，北京大学出版社，2002 年版；［美］亚历山大·温特著，秦亚青译：《国际政治的社会理论》，上海人民出版社，2008 年版；［美］比得·卡赞斯坦主编，宋伟、刘铁娃译：《国家安全的文化：世界政治中的规范与认同》，北京大学出版社，2009 年版。

多数学者进行的是国际体系层次的研究，以国际无政府状态假设作为国际政治的基础结构，认为国家结盟的行为受到“均势”法则的支配，这一研究层次反映了在西方联盟理论研究中整体主义方法论的主流倾向；也有部分学者试图从单元层次展开研究，他们试图打开主权国家这一“实心球”，从国家政治体制、意识形态、对外援助、国家对外战略等单元特征，甚至从国家偏好和领导人个性等方面去寻找解释。①

对于强制，从一开始就与美苏核威慑战略研究密切联系在一起，并且受到了政界、军界和学界的广泛关注。20 世纪 60 年代，托马斯·谢林（Thomas Schelling）在《军备及其影响》（*Arms and Influence*）一书中提出，武力与强制之间的差别是单边的、依赖于实力的“非外交”（Undiplomatic）行动与建立在伤害力量基础上的“强制外交”（Coercive Diplomacy）之间的差别。② 托马斯·谢林进一步区分了两种不同类型的强制，即“威逼”（Compellence）与“威慑”（Deterrence）。③ 20 世纪 70 年代至 90 年代，美国斯坦福大学教授亚历山大·乔治（Alexander George）认为应该用“强制外交”（Coercive Diplomacy）这一术语取代威逼，并进一步界定了强制外交的概念，分析了强制外交的特征、变体、优势和局限，

① 张鸿石：《联盟及联盟之后：中国终止联盟的国际政治逻辑及替代战略研究》，第一章，时事出版社，2014 年版。

② ［美］托马斯·谢林著，毛瑞鹏译：《军备及其影响》，上海人民出版社，2011 年版，第 2 页。

③ Thomas Schelling, *The Strategy of Conflict*, Cambridge, MA: Harvard University Press, 1960, p. 195; Thomas Schelling, *Arms and Influence*, New Haven, Conn: Yale University Press, 1966, pp. 69 – 91.

并结合实证研究总结了影响强制外交的变量。[①] 托马斯·谢林和亚历山大·乔治的研究成果奠定了学界对强制战略研究的基础，“威逼”和“强制外交”两个概念得到了学界的认可和采用。尽管后来学者对这两个术语的使用往往并不是严格按照两人的界定，但是围绕两个概念展开的对强制战略的理论和实践研究，催生了大量的研究成果。

（三）联盟间强制与反强制的丰富实践与理论研究间的脱节

在国际政治的角力场上，联盟之间强制与反强制的斗争剧目频繁上演。从冷战后强制外交的实践来看，即使是唯一的超级大国美国，也很少单独实施强制，而是联合北约盟国、地区盟国或者其他国家共同实施强制。伴随美国相对实力的不断下降，这一趋势在未来几十年将会越来越明显。[②] 虽然在实践中联盟与强制已经紧密联系起来，但是国内外学界对这一现象的研究却远远不够。虽然关于联盟理论和强制理论的研究成果丰富，然而，两种理论之间却少有交集，这一现状与实践已经严重脱节。

现有的联盟理论，以联盟为研究对象，以联盟的起源、联盟内互动和延续性等为主要议题，采用现实主义、自由主义、建构主义等不同研究范式，解释哪些变量会影响联盟的形成、联盟内部

---

① Alexander L. George et al. , *The Limits of Coercive Diplomacy* 1st *edn.* , Boston: Little Brown, 1971; Alexander L. George, *Forceful Persuasion: Coercive Diplomacy as an Alternative to War*, Washington: Institute of Peace Press, 1991; Alexander L. George and William E. Simons eds. , *The Limits of Coercive Diplomacy* 2nd *edn.* , Boulder, Colo: Westview Press, 1994.

② Daniel Byman and Matthew Waxman, *The Dynamics of Coercion: American Foreign Policy and the Limits of Military Might*, New York: Cambridge University Press, 2002, p. 152, 154.

的管理，或者造成联盟的转型和终止等。但是，联盟作为国家一种重要的外交战略，它如何发挥作用，作为重要的变量，在激烈的国际战略互动中如何影响战略的实施和结果，这一研究议题不仅是重要的，而且也不是不言自明的。通过本书的研究我们可以发现，联盟对战略互动过程的影响既是重要的，又是复杂的，如果不将联盟置于战略互动的显微镜下仔细观察，我们对联盟的认识就会是静态的、不全面的。我们可能知道联盟是“怎么样”的，怎么样形成、内部怎么样运作和管理、怎么样终止，但是，知道“怎么样”并不意味着懂得“怎么用”。只有了解联盟如何发挥作用，才能真正让联盟为我所用。

相比联盟理论学者，国际关系史学者似乎对联盟“怎么用”研究得更为充分。不过，正如国际关系史研究之于国际关系研究，历史研究为理论建构提供了“数据”，而理论才是分析数据并得出结论的“算法”。从这一意义上讲，本书的研究，就是在借助强制外交理论的基础算法之上，为解析联盟这一政治实体怎样影响强制外交运作和结果提供一套更为精细和有效的算法。因为现有有关强制外交战略的研究，仍无法提供有力的解释。数量相当的研究将联盟实施强制简化为某一主导国家单独实施的强制，造成了对联盟政治这一重要影响因素的忽略或轻视；部分研究注意到了联盟参与强制互动的特殊性，但基本止步于个案研究，没有提出具有解释力和预测力的分析框架和理论假设。

总之，这一“算法”之所以重要，在于它从理论上打通了联盟理论与强制外交理论之间的隔阂，通过两种理论的交叉研究，扩展了理论应用的广度和深度；从实践上讲，它可以使决策者更加清楚，在强制外交战略操作过程中如何操作联盟这一重要变量，一定程度上弥补了理论与实践之间的脱节。

（四）中国对外关系需要更精细的战略

在相当长的时间内，美国的联盟体系恐怕仍然是维持美国霸权地位的主要支撑，也是美国实现其对外政策目标的重要依靠。威慑、强制外交等中观战略仍将是美国重要的战略互动手段。中国结伴不结盟的伙伴关系能否应对美国联盟体系的包围，对话而不对抗的战略手段选择如何化解美国盟国体系的强制威胁，现有的研究远远满足不了中国战略实践的需要。① 从这一角度来讲，研究美国如何依靠盟国体系实施战略性强制，是中国完善自身战略的必要条件。

从中国外交战略的实现手段来看，中国的伙伴外交能否满足中国外交战略的需求，强调"对话而不对抗"是否意味着绑住了实施强制威胁的手脚，这样的问题恐怕仍然值得深入探讨。因此，对本选题的研究，既是对中国外交战略实现手段的储备，也是对中国如何化解美国发起的强制战略的有益探索。中国外交大战略的实施需要更为精细的战略支撑。

二、研究现状

如前所述，"强制外交"这一术语由对"威慑"和"威逼"的区分研究而来。自从20世纪70年代亚历山大·乔治提出用"强制外交"这一概念来取代"威逼"，② 从理论和实践研究上，

① 部分中国学者对这一问题进行了有益的探索，参见孙德刚："论新时期中国的准联盟外交"，载《世界经济与政治》，2012年第3期，第57—81页。

② Jack S. Levy, "Deterrence and Coercive Diplomacy: The Contributions of Alexander George", *Political Psychology*, Vol. 29, No. 4, 2008, p. 539.

强制外交逐渐从威慑战略中区分出来，得到学界的关注和认可。而从实践运用来看，强制外交战略在美国事实上成为国家外交战略的重要手段，这一战略对美国的智库和决策层有着切实的影响。①

亚历山大·乔治将联合的强制（Coalitional Coercive Diplomacy）看作是一种背景变量（Contextual Variable）。他指出，强制外交是一种“高度背景依赖”（Highly Context - dependent）的战略。乔治认为，尽管联合可以给对手更强大的压力，并可以有更多资源的投入，但是由于国家间团结难以达成且追求目标不一致，多国家联盟比起单个国家来说可能更加难以实施强制外交。②在案例研究部分，该书用两个案例来说明联盟对强制外交造成的困难：一个是美国里根政府期间的美国与英国、法国等盟国对利比亚的强制外交；第二个是美国布什政府在萨达姆侵占科威特后对伊拉克实施的强制外交。

可以看出，乔治试图从广义的联合强制的角度来理解和研究这一问题，联盟的各方可以不是严格意义上的盟友关系，但是因为特定的利益和目标联合在一起，或者说是某一特定利益相关方的联盟。后来的不少学者都延续了乔治的这一思路。美国学者马修·维克斯曼（Matthew Waxman）通过分析美国20世纪90年代对索马里和波斯尼亚实施强制外交的案例，认为联合强制会降低

① 如克林顿的国防部长佩里曾经说过，1994年美国对海地的行动是一个“强制外交”的“教科书般的案例”，这得益于他在斯坦福大学期间了解的亚历山大·乔治对“强制外交”的研究，参见唐世平：“我们不能停在大战略，美国有中层战略”，载《环球时报》，http：//opinion. huanqiu. com/1152/2012 - 03/2541814. html，访问时间：2018年3月20日。又如美国布鲁金斯学会资深研究员的研究，参见Daniel Byman and Matthew Waxman，*The Dynamics of Coercion*：*American Foreign Policy and the Limits of Military Might*。

② Alexander L. George and William E. Simons eds.，*The Limits of Coercive Diplomacy 2nd edn.*，pp. 271 - 273.

强制方威胁的威力和可信性。[①] 在另一篇文章中，维克斯曼与兰德公司资深研究员丹尼尔·拜曼（Daniel Byman）基于美国与北约在科索沃的强制外交经验，得出了与前一篇文章类似的结论。[②] 2002 年，两人又合著了《强制的动力学》（*The Dynamics of Coercion*）一书，在该书的第六章，作者详细分析了联合强制的困境。作者指出，二战以后，美国所有的强制性军事行动要么是在国际组织的支持下进行，要么是在某一利益相关国家联盟的配合下进行，这是因为无论是从军事、经济、外交，还是从国内政治来讲，美国都需要其他国家。但是，联合强制的好处往往被其不利的方面所抵消。总体上看，作者对联合强制持负面态度，认为这是美国决策者的一大困境。[③] 除此以外，不少学者都在研究中发现了联合强制的困难，但是没有进一步的理论总结，仅仅止步于个案探讨。[④]

丹麦学者彼特·维果·雅各布森（Peter Viggo Jakobsen）则从国际组织这一角度，研究了联合强制对强制外交的影响。他分析了 1990—1991 年海湾战争、1991—1995 年南斯拉夫战争和

① Matthew C. Waxman, "Coalitions and Limits on Coercive Diplomacy", *Strategic Review*, winter 1997, pp. 38 – 47.

② Daniel Byman and Matthew Waxman, "Defeating U. S. Coercion", *Survival*, Vol. 41, Iss. 2, summer 1999, pp. 107 – 120.

③ Daniel Byman and Matthew Waxman, *The Dynamics of Coercion*: *American Foreign Policy and the Limits of Military Might*, pp. 152 – 174, also see Daniel Byman, Matthew Waxman and Eric Larson, *Air Power as a Coercive Instrument*, RAND Corporation, 1999, pp. 87 – 106.

④ Robert J. Art and Patrick M. Cronin, eds., *The United States and Coercive Diplomacy*, Washington, D. C.: U. S. Institute of Peace Press, 2003; Vincent A. Auger, "Revisiting Coercive Diplomacy: Coalition and Domestic Constraints", paper delivered at the 1999 annual meeting of the American Political Science Associations, Sep. 2 – 5, 1999, cited from Andrew C. Winter, "You and What Army? Coalitions and Coercive Diplomacy", Ph. D. dissertation, University of Maryland, 2002, pp. 65 – 66.

1991—1994 年海地危机三个案例。雅各布森的研究表明，国际组织难以摆脱集体行动的困境，会对强制外交实施造成困难，但是，如果存在一个“K 集团”（K - group），即存在一个愿意担负领导责任的小集团，那么国际组织内各国家则较容易达成一致，国际组织内各国家也可能较愿意承担责任。①

美国马里兰大学安德鲁·温特（Andrew Winter）的博士论文，试图对联盟影响强制外交的机理进行理论的推导和解释。他借鉴了雅各布森提出的强制外交想要获得成功所必须满足的“理想模型”，从以下五个方面分析：（1）是否能发出有力的武力威胁；（2）武力威胁是否可信；（3）是否可以向对手发出可行的最后期限；（4）是否可以明确表明如果对手服从将不会提出更多的要求；（5）能否提供“胡萝卜”，详细分析了联盟是如何实施强制外交，进而影响强制外交结果的。但是，由于影响变量太多，作者所采用的研究思路没能如期得出理论化、系统化的结论，而不得不将结论个案化，就连作者自己也承认，他的结论“并不完整和清晰”。② 尽管如此，温特的论文还是证明了尽管困难重重，联盟仍然有可能实施成功的强制外交。另外，“K 集团”的存在可以帮助联盟克服集体行动的困境。

总体而言，关于联盟这一变量对强制外交的影响，散见于学者们对个案的研究，一直没能形成具有解释能力和预测能力的理论。笔者认为恐怕有两点原因影响了对这一问题的理论化研究：一是学者们大都延续了亚历山大·乔治对这一问题的定义，即以

---

① Peter Viggo Jakobsen, *Western Use of Coercive Diplomacy after the Cold War*: *A Challenge for Theory and Practice*, New York: St. Martin's Press, 1998.

② Andrew C. Winter, "You and What Army? Coalitions and Coercive Diplomacy", Ph. D. dissertation, University of Maryland, 2002.

特定利益相关方的联合体，或某一国际组织作为研究的自变量，来解释强制外交的变化。相较于狭义的联盟，联合体或某一国际组织缺少联盟内部的较强约束性，联合各方的内部团结和外部目标更不容易达成一致，正因为如此，现有的研究结论基本上对联合强制持悲观结论，认为联合强制是决策者的一大困境。二是学者们没有将联盟理论与强制外交研究有机结合起来，因此没有能够解释联盟政治影响强制外交运作的完整逻辑。现有研究发现，强制方的内部团结会出现各种各样的问题，从而影响强制威胁的可信性。但是，如果没有联盟理论的帮助，我们就难以认清这些问题的共性特征和根源，也就难以做出理论化的归纳解释。

因此，笔者提出从联盟内部动力结构出发，研究联盟对强制外交的作用机制，即从冲突中联盟成员相互依赖的对称性、冲突中联盟成员之间利益的相容性两个维度，进而造成的联盟内部“抛弃”与“牵连”、“加强”与“削弱”两对困境入手，解释了联盟动力结构影响强制外交的作用链条。通过研究，笔者提出，联盟的动力结构还应该有第三个维度的分析，即除了要关注冲突中联盟成员之间的利益相容性，还要关注利益的对称性。利益的对称会减轻联盟内部的困境，反之则会增强联盟内部的这一困境。①

2011 年，普林斯顿大学教授柯庆生（Thomas J. Christensen）出版专著《比铁板一块更糟：亚洲的联盟政治和强制外交中的问题》，也将联盟政治与强制外交联系起来，提出了分析联盟与强制

① 李杉：“国家联合体的强制外交：联合体内部动力学角度的分析”，上海外国语大学硕士学位论文，2009 年。

相互作用的两条线索。[①] 在第一条线索里，柯庆生将联盟内部“抛弃”与“牵连”的困境，通过“可信的威胁”和“可信的承诺”的传导与接收，与强制外交的结果联系了起来。抛弃的困境可能促使联盟的某些成员采取更强硬和更具攻击性的姿态，降低了承诺的可信性。而且，抛弃的困境还可能促使联盟内的保守成员减少对激进成员的限制，容易造成冲突的升级。另一方面，牵连的困境又会造成威胁可信性的降低。在第二条线索里，柯庆生重点分析了联盟政治中的意识形态因素。

柯庆生的研究具有重要的意义。他将联盟政治与强制外交结合起来，形成了理论分析框架。另外，他不仅考察了联盟作为强制方的案例，而且研究了联盟作为被强制方的案例，并且提出了创新性的观点，即在某些情况下，组织涣散的联盟比组织有效的联盟更加难以被强制。同时，他的研究也引起了学界对这一课题的关注。

国内学者刘兰和蒋昌建在2012年提出了联盟情境下的试探型强制外交，即强制国利用联盟内“抛弃”与“牵连”的困境，采用威胁的方式试探对象国与其盟友之间承诺的可信度。[②] 这一研究成果揭示了联盟政治与强制外交结合的一个片段，但没有全面系统地揭示联盟政治与强制外交之间的作用机制，而这正是本书试图解答的问题。

综合近年来国内外学者在本课题上取得的研究进展，主要在于将格林·斯奈德（Glenn Snyder）提出的联盟内部“抛弃”与“牵

---

① Thomas J. Christensen, *Worse Than a Monolith: Alliance Politics and Problems of Coercive Diplomacy in Asia*, Princeton: Princeton University Press, 2011.

② 刘兰、蒋昌建：“联盟情境下试探型强制外交行为探析”，载《世界经济与政治》，2012年第6期，第58—74页。

连”的困境,[①] 运用到了对强制外交的分析当中，从而将联盟研究与强制外交研究联系起来，找到了一条阐释联盟政治影响强制外交运作的研究路径。这条路径的优点和缺点一样明显。

联盟内部的安全困境，或者联盟内部的动力结构，反映的是对联盟内部的结构性分析，即联盟成员间权力和利益的大小，以及由此导致的相互依赖和谈判能力在对称性上的差别。将联盟内部的结构问题，同强制威胁的“可信性”挂钩，通过分析内部结构问题如何影响联盟在强制外交战略中“威逼”和“利诱”手段的运用，进而影响强制外交的结果，这一研究路径简洁有力。

但是，将联盟政治对强制外交的作用，仅仅简化为联盟内部的结构问题，会导致面临与“结构现实主义”同样的问题，即理论的简约性影响了理论的解释力和预测力，把对强制外交具有重要影响的因素舍弃掉，对强制外交整个运作机制的简约化处理，导致这样的研究无法提供联盟政治影响强制外交的整个作用链条，无法为理论决策提供丰富和有用的参考。

三、研究思路和研究方法

本书要研究的问题是，联盟作为强制方，联盟内的政治博弈如何影响联盟针对对手的强制。本书无意对联盟做广义的定义，也无意解释亚历山大·乔治提出的“联合强制”这一问题，而仅仅将联盟局限于狭义的安全联盟。现有对联合强制的研究已经表明，原有研究思路难以得出完整而清晰的理论，联合强制方内部的影响变量过多，导致研究的结论难以进行一般化的归纳，遮蔽了对

① Glenn H. Snyder, *Alliance Politics*, pp. 180 – 192.

强制方内部有用信息的认识。

由狭义联盟实施的强制在实践当中十分常见。在众多联合强制的案例中，不管是临时的联合体也好，还是国际组织机制内实施的强制，盟友往往起到了最为重要的角色，彼特·维果·雅各布森等人观察到的“K 集团”的重要作用，往往就是盟友体系，比如说 1990—1991 年美国在联合国框架内对萨达姆实施的强制，美、英、法三国在强制的实施中起了最为重要的作用。

因此，本书的结论尽管不可能完全解释联合强制的运作，但是至少可以对这一问题的研究和实践提供有益的借鉴。即在决定组织一个临时性联盟实施强制的时候，盟友的选择、联盟的管理和战略运作过程中应该格外注意的变量。

针对研究问题，本书采用分析折中主义的研究方式，试图构建一种更为复杂的连接联盟政治理论与强制外交研究的分析框架，这种框架试图解答：在联盟作为强制方的情境下，各种机制和逻辑的具体排列组合，如何导致了强制外交不同的过程和结果。

鲁德拉·希尔和彼得·卡赞斯坦将分析折中主义的研究方式定义为：“试图辨析、转化并有选择地使用不同理论和叙事中的概念、逻辑、机制、解释等要素的研究方式；这些理论源自不同范式，但讨论的内容均与既有学术意义又有实际意义的实质性问题相关。他们认为，分析折中主义所讨论的问题是政治行为体所面对并经历的问题；分析折中主义研究的是，基于不同范式发展起来的各种理论中所包含的不同机制是怎样相互影响的；在某种条件下，它们又是怎样相互作用，以致影响到学者和实践者所关心的事情的发展结果。”①

---

① ［美］鲁德拉·希尔、彼得·卡赞斯坦著，秦亚青、季玲译：《超越范式：世界政治研究中的分析折中主义》，上海人民出版社，2013 年版，第 9 页。

亚历山大·乔治建构的强制外交理论，从未将自身拘泥于某一范式之内，而是从一开始就将理论的建构与外交政策的需求紧密结合起来。[①] 乔治关注的是国家如何通过武力威胁或者有限的武力运用来强制对手做它不愿做的事情，从这一问题出发，乔治采用了结构性重点比较的研究方法（The Method of Structured，Focused Comparison），通过众多案例的比较，归纳出了影响强制外交战略成败的十三个变量、四种运作模式和三种类型。乔治的研究不仅融合了现实主义范式对国际战略环境、国家实力、国内政治的重视，也吸收了诸如对战争的意象、对对方的意象等建构主义因素，更为学界称赞的是，乔治将政治心理学引入强制外交战略的分析当中，强调威胁的可信性、紧迫感及信息表达的准确性等认知性因素的重要影响。乔治认为，强制外交既是政治外交战略，也是心理战略，目的在于影响对手的意愿和激励结构（Incentive Structure）。[②]

因此，本书认为，近几年学界把新现实主义范式对联盟结构因素的分析引入强制外交研究，从而把之前隐藏在个案研究中的联盟这一变量加以理论化，把联盟和强制外交两者之间逻辑联系加以机制化，这一研究路径固然清晰明了，但是却将强制外交战略政治心理学的精髓忽视掉了。

一国决策者借助联盟来实施强制或者反强制的策略，根本目的在于发挥“力量凝聚”的优势，而这一优势是否能够充分发挥，关键在于联盟的凝聚力。联盟凝聚力高，联盟能够发挥“人多力

① Jack S. Levy，“Deterrence and Coercive Diplomacy：The Contribution of Alexander George”，*Political Psychology*，Vol. 29，No. 4，p. 538.

② Jack S. Levy，“Deterrence and Coercive Diplomacy：The Contribution of Alexander George”，*Political Psychology*，Vol. 29，No. 4，p. 539.

量大”“人心齐泰山移”的正向效用；联盟凝聚力低，恐怕将面对“三个和尚没水吃”的窘境。因此，本书首先对“联盟凝聚力”进行了界定，并从逻辑上对联盟凝聚力的产生机制进行了推理。然后采用了类型化的研究方法，从联盟凝聚力产生机制当中分析出影响凝聚力高低的三个维度，按照三个维度的排列组合，得到了七个联盟理想型。最后，本书采用案例研究法，通过两个案例，对七个理想型中的五个进行了验证，从而得出了最后的结论。

四、理论假设和章节安排

本书的第一章首先建构了强制外交情境下联盟的凝聚力模型。笔者认为，联盟凝聚力是联盟内部实力分布和联盟外部威胁水平及分布相互作用、相互制约的结果。联盟内部实力分布产生联盟成员间的约束力，实力强大的成员更容易控制实力弱小的成员；联盟外部威胁水平及分布产生联盟成员间的向心力或者离心力，每个成员均受到严重而对称威胁的联盟更容易实现力量的凝聚。由此，依照这两个维度，采用类型化的研究方法，提出了联盟凝聚力的七个理想模型。

第二章是对强制外交理论的介绍。在本章中，对强制外交的概念、运作模式、影响因素和作用机制进行了辨析，为后面的分析做了理论的准备。

第三章进一步建构了联盟凝聚力对强制外交战略影响作用的分析框架。借助对威胁信号的分析，从信号拟制、信号传递、信号解读和信号反馈四个阶段，分析解释了联盟凝聚力如何影响强制外交的运作。通过本章，完成了本书的理论建构。

从第四章至第五章，是本书的案例研究部分。借助海湾危机

（1990—1991 年）和第二次摩洛哥危机（1911 年）两个案例，对七个联盟理想型中的五个在强制和反强制冲突中的表现进行了验证。两个案例的选择充分考虑了其代表性。首先，从时间和国际战略环境上来说，第二次摩洛哥危机发生在一战之前欧洲多强林立的战略环境下，海湾危机发生在二战两极对立格局之下。其次，从联盟类型来看，第二次摩洛哥危机涉及到了理想型 I、II、III，海湾危机涉及到了理想型 I、IV、VI。

最后，本书得出结论认为，关于联盟凝聚力假设：联盟成员受到的外部威胁高且对称，则联盟凝聚力水平较高；当对称性联盟中成员受到的外部威胁水平比较低或者严重不对称，则联盟凝聚力水平较低；非对称性联盟中强国受到的外部威胁水平与联盟凝聚力正相关。

关于联盟凝聚力对强制外交战略的影响：低凝聚力不利于联盟实施强制外交战略的成功，而高凝聚力有利于成功；但是联盟凝聚力与强制外交战略成败之间不存在线性的因果关系。

本书还就研究的现实启示、存在的不足及需要改进的方面进行了阐述。

第一章

联盟与联盟政治

第一节 “联盟”概念的界定

学界对“联盟”这一概念有多种界定，争论也颇多。唐世平对联盟做过这样的归纳界定：“从根本上说，联盟是一种国家在国际政治中进行集体行动的集合体（Collectives）。要形成任何集体行动，必须有两个以上的个体而形成的集合体。从集合体的集体行动的经常性（Regularity）和集合体内部个体间协调的紧密程度（Closeness）这两个维度来度量，集体行动的集合体，从低到高，可以大致有三个层次：联合体（Coalition）①，伙伴关系（Partnership），联盟或同盟（Alliance）。”② 可以说，唐世平从外延的由大及小对联盟进行了区分，但是他提出的两个维度仍有较多的主观衡量的成分，对紧密程度最高的联盟，学界仍有不同的认识，因此还需要深刻分析联盟的内涵。

---

① 也有学者将联合体（Coalition）翻译为“联合阵线”，参见刘丰：“国际政治中的联合阵线”，载《外交评论》，2012 年第 5 期，第 56—67 页。

② 唐世平：“联盟政治和中国的安全战略”，载《领导者》，2010 年 10 月。

部分学者从联盟合作性质和外部指向性的角度，将联盟定义为“两个或两个以上国家针对特定敌人形成的安全合作关系，这一关系建立在双方的军事盟约之上”。[①] 格林·斯奈德（Glenn Snyder）则认为，联盟是在特定情况下为了使用（或不使用）武力对抗外部国家而形成的正式的国家的联合（Associations），不同于基于共同利益而形成的心照不宣的结盟（Tacit Alignment），联盟基于正式的盟约，且军事合作在盟约内是明示的。[②] 由此可见，不少学者对联盟做了严格定义，认为“正式盟约”“安全合作”和“外部指向特定国家”是联盟不可或缺的特征。

斯蒂芬·沃尔特（Stephen Walt）则质疑将盟约作为联盟必要条件的合理性，他举例说明如美国和以色列之间虽然从来没有签署过正式的条约，但是这两个国家之间相互承担义务的水平却很少有人会去质疑。沃尔特认为，“义务的变化主要通过行为或口头声明来显示，而不是重新签订文件。苏联和埃及之间直到1971年都没有签订正式条约，但之前显然是紧密的盟友关系。1971年两国签订的友好合作条约实际上是两国关系日益紧张的标志，而不是相互义务加强的象征”。他认为“对正式与非正式联盟精细区分有可能导致曲解而不是揭示，不同案例其正式或非正式安排的真实含义并不相同”，因此，沃尔特将联盟定义为“两个或更多主权国家之间正式的或非正式的安全合作安排”。与这一宽泛定义相配合的是，沃尔特认为“应该对研究的联盟进行更为主观的评估，而不是采用一个不能准确反映特定联盟义务

---

① Erich Reiter and Heinz Gartner, eds., *Small States and Alliances*, New York: Physica – Verlag, 2001, pp. 36 – 37.

② Glenn Snyder, *Alliance Politics*, p. 4.

的正式分类"。[①]

罗伯特·奥斯古德（Robert Osgood）也认为，"同盟的全部实质和意义很少在正式的军事合作协定或条约中表露，就像婚姻的实质很少在结婚证书中体现一样。"[②] 因此，有的学者认为这是联盟定义的难题，即有正式协议的盟友不一定是真盟友，但在没有正式协议的情况下，又缺少衡量结盟的标准。[③]

孙德刚试图用"准联盟"（Quasi - Alliance）来界定没有正式协议的盟友关系，即"两个或两个以上国际实体在非正式安全合作协定之上形成的针对外部敌人的安全合作关系"。[④] 孙德刚认为，在国家间关系按照国际安全合作程度高低划分的六个层级中，准联盟关系介于联盟与伙伴关系之间。联盟外交既"联"（指向外部的安全合作）又"盟"（签订军事盟约），那么准联盟外交就是"联"而不"盟"。联盟外交与准联盟外交的区别在于契约的制度化程度——前者基于正式契约，法律约束性强；后者基于非正式契约，法律约束性弱。[⑤]

对联盟的进一步分类研究是重要的，但是现有对联盟的分类仍然无法反映现实的复杂性。例如，按照孙德刚的定义，美国和以色列之间的"准联盟"关系应该低于建立在正式契约上的联盟

---

① ［美］斯蒂芬·沃尔特著，周丕启译：《联盟的起源》，北京大学出版社，2007 年版，第 12 页。

② Robert Osgood, *Alliances and American Foreign Policy*, Baltimore: The Johns Hopkins Press, 1968, p. 18.

③ 于铁军："国际政治中的同盟理论：进展与争论"，载《欧洲》，1999 年第 5 期，第 16 页。

④ 孙德刚："论新时期中国的准联盟外交"，载《世界经济与政治》，2012 年第 3 期，第 61 页。

⑤ 孙德刚："论新时期中国的准联盟外交"，载《世界经济与政治》，2012 年第 3 期，第 62—63 页。

关系，但是现实恐怕并不能印证这样的分类。美以关系至少并不低于美国与其他盟友之间的义务安排，甚至高于大部分的美国盟友。在美以关系中，即使没有非正式的契约，两者之间的约束性也并不弱，两国领导人都非常重视对方的立场和政策。再看 20 世纪 70 年代的苏联和埃及关系，1971 年两国签署条约，但仅仅 1 年之后，埃及总统萨达特就驱逐了苏联在埃及的全部军事顾问和专家，收回或撤走苏联在埃军事设施，条约并未提高两者之间的约束水平。

因此，在现有联盟分类仍然无法准确反映特定联盟义务的情况下，笔者认为采用沃尔特的界定方法更能体现联盟研究的全貌，即结合研究课题的需要给予联盟一个相对宽泛的定义，同时结合所要研究的问题对各种联盟进行更为主观的分析。

综合上述联盟的定义，主流联盟研究者一般认为，联盟的主体是“两个或两个以上国家的集合”，联盟合作的性质是“安全安排”，且联盟往往具有明确的外部指向性。在强制外交战略中，联合强制的行为体多为“主权国家的联合”，虽然也有学者认为强制外交的行为体不仅有主权国家，还包括次国家行为体，例如一国的某个政治团体或武装派别，以及跨国家行为体如国际组织、跨国恐怖组织等，① 但是主权国家仍然是最为常见的行为体。另外，在对联盟实施强制外交的机理尚未研究清楚的时候，引入次国家性行为体和跨国家行为体，将大大增加对影响变量控制的难度，可能导致难以得出清晰的结论，并不利于研究的向前推进。从强制外交战略的性质和外部指向性来看，强制外交是基于武力的威胁，具有明确的威胁对象。综合研究课题的需要，本书

---

① Lawrence Freeman ed., *Strategic Coercion: Concepts and Cases*, Oxford: Oxford University Press, 1998.

对联盟做这样的界定，即联盟是指两个或更多主权国家之间正式的或非正式的针对特定敌人的安全合作安排。

第二节　联盟的类型

类型化（Typology）是构建社会科学理论的一种基本方法，它帮助研究者对社会事物、现象和行为进行归类，对核心概念进行操作化，并通过抽象概念与经验事实的匹配进行理论框架的构思，在确定研究对象、识别解释要素以及形成因果关系等研究环节，类型化方法都发挥着重要作用。①

即使我们对联盟的内涵进行了严格的界定，联盟外延之广之丰富，仍对研究者在这一概念上进行理论的分析和建构造成了困难。因此，对各式各样联盟进行类型化的区分和研究，也就成为联盟研究的基础性工作。

汉斯·摩根索提出了联盟分类的几个标准：（1）相互的还是单边的；（2）暂时的还是永久的；（3）能够协调相互政策的有效联盟还是无效联盟；（4）全面的还是有限的；（5）效力于一致利益与政策的联盟、效力于互补利益与政策的联盟，和效力于意识形态上的利益与政策的联盟。② 埃德温·菲德尔（Edwin H. Fedder）则提出了以下归类的方法：（1）国家的数量；（2）

① 刘丰："类型化方法与国际关系研究设计"，载《世界经济与政治》，2017 年第 8 期，第 44 页。

② ［美］汉斯·摩根索著，李晖、孙芳译：《国家间政治》，海南出版社，2008 年版，第 219 页。

有确定的领土归属；（3）存续的时间；（4）权力的对称还是非对称；（5）消极还是积极的定位；（6）单边还是相互的承诺；（7）安全机制（仅仅是安全保证，还是共同的武力调动）。[①] 除此之外，众多学者根据联盟的功能、行为、一体化程度等标准提出了各自不同的分类。[②] 由此可见，联盟形式复杂多样，使研究者既难以采用一种统一的方法对所有联盟形式进行准确的分类，事实上也并没有必要这样做。恰当的做法是根据研究的需要，对联盟外延进行合适的界定，并设计合适的分类标准和依据。

斯蒂芬·沃尔特认为，国家的结盟行为是对外部威胁的反应，他将联盟划分为制衡和追随强者两种不同类型。制衡是指与其他国家进行结盟以反对占据优势的外部威胁，国家可能与弱国结盟以期控制潜在的霸权国家变得更强大。追随强者是指与引发危险者结盟，其目的可能是为了绥靖，即通过与占据优势国家进行结盟，期望能够将强者引向别处，以避免遭到强者的攻击，也可能是为了分享胜利果实，从强者的获胜中分得一杯羹。沃尔特认为，制衡比追随强者更普遍。[③]

帕特丽夏·威茨曼（Patricia A. Weitsman）接受了沃尔特关

---

① Edwin H. Fedder, "The Concept of Alliance", *International Studies Quarterly*, Vol. 12, No. 1, 1968, p. 81.

② J. David Singer and Melvin Small, "Formal Alliances, 1815 – 1965: An Extension of the Basic Date", *Journal of Peace Research*, VI, August, 1969, pp. 257 – 282; Bruce M. Russett, "An Empirical Typology of International Military Alliances", *Midwest Journal of Political Science*, Vol. 15, No. 2, 1971, pp. 262 – 289；国内学者研究参见苏若林、唐世平："相互制约：联盟管理的核心机制"，载《当代亚太》，2012 年第 3 期，第 6—38 页；董柞壮："联盟类型、机制设置与联盟可靠性"，载《当代亚太》，2014 年第 1 期，第 100—123 页。

③ ［美］斯蒂芬·沃尔特著，周丕启译：《联盟的起源》，北京大学出版社，2007 年版，第 16—20 页。

于国家结盟是对外部威胁的反应这一假定，但是她根据联盟形成的目的，进一步将联盟分为以对冲为目的（Hedging）、以束缚为目的（Tethering）、以制衡为目的（Balancing）和以追随为目的（Bandwagoning）四种类型联盟。威茨曼认为，外部威胁与国家结盟行为之间是曲线性关系。第一种情况，当外部威胁水平比较低时，国家可能通过两面下注的方式来对冲风险，即同时与潜在的朋友和对手形成低承诺水平的协议。一方面，通过这种方式拉拢潜在的朋友，增强自身的实力和影响力；另一方面，通过与潜在对手进行低水平结盟，避免自己笼络朋友的行为对对手形成刺激，同时截断了对手组织结盟的后路。第二种情况，当某一个国家对其他国家的威胁进一步上升时，其他国家可能采取与这个国家结盟的办法对其进行管理和限制。某种意义上，这种结盟是对产生威胁国家的一种安抚，联盟的存在最起码可以避免武装冲突立即发生。理想情况下，联盟的存在有助于增加对手之间的透明度，促进相互合作和信任。第三种情况，当一国的威胁继续增大，其盟友已经没有办法通过联盟对其进行牵制，这时候盟友可能会背叛联盟，并联合新的盟友制衡产生威胁的国家。但是，当一国的威胁已经大到严重威胁其他国家的生存，那么其他国家则可能选择追随，这是第四种情况。①

除了从联盟形成的原因来进行分类，不少学者从联盟内部动力结构角度对联盟进行了分类研究。意大利学者马可·塞萨（Marco Cesa）提出了分析联盟内部动力结构的两个维度，即盟员之间“利益的相容性”（Compatibility of Interests）和“相互依赖性”（Interdependence among the Allies）。按照利益相容性的高

① Patricia A. Weitsman, “Alliance Cohesion and Coalition Warfare: The Central Powers and Triple Entente”, *Security Studies*, 12, No. 3, 2003, pp. 82 - 83.

和低，相互依赖的对称和非对称，塞萨将联盟分成了凝聚型（Aggregation Alliance）、协调型（Concert）、霸权型（Hegemonic Alliance）和摇摆型（Ambivalent Alliance）四种类型（见下表1—1）。①

表1—1　盟员间利益的相容性和相互依赖

联盟的内部动力结构		盟员间的相互依赖	
		对称	不对称
盟员间的利益相容性	高	凝聚型	霸权型
	低	协调型	摇摆型

表格来源：Marco Cesa，"From Hegemony to Ambivalence：NATO's Transformation and European Stability"，Fellowships Programme 1997－1999，Final Report Submitted to NATO，Office of Information and Press，June 30，1999。

塞萨的分类简洁明了，易于分析操作，因此一些学者也基于塞萨的分类开展了相关研究。② 但是，本书认为，如果借用这一分类对联盟实施强制外交战略运作进行分析，我们仍然难以完全理解这一复杂的过程。首先，这一分类对联盟内部结构的关注，

① Marco Cesa，"From Hegemony to Ambivalence：NATO's Transformation and European Stability"，Fellowships Programme 1997－1999，Final Report Submitted to NATO，Office of Information and Press，June 30，1999，pp. 7－14，available at https：//www. nato. int/acad/fellow/97－99/cesa. pdf.

② 汪伟民："联盟理论与美国的联盟战略"，复旦大学博士论文，2005年，第52页；石源华、汪伟民："美日、美韩同盟比较研究——兼论美日韩安全互动与东北亚安全"，载《国际观察》，2006年第1期；杨毅："安全联盟与经济合作研究——基于四种联盟类型的分析"，载《世界经济与政治》，2011年第10期，第137—154页；李杉："国家联合体的强制外交：联合体内部动力学角度的分析"，上海外国语大学硕士学位论文，2009年。

从一定程度上解释了联盟内部成员之间的博弈问题，但是忽视了盟员与盟友、盟员与联盟外部对手之间复杂的“双层博弈”。如果我们承认联盟的形成是对外部威胁的反应，那么外部威胁发生的重要变化、联盟与外部对手之间博弈的结果，势必将对联盟内部动力产生重要影响。其次，国家利益（或者目标、动机）[①] 的不同或者冲突是盟员内部博弈的一个显而易见的原因，但是这一维度对事实的解释有些乏力。没有两个国家的目标会完全一致，塞萨在研究中也承认，历史上盟员间利益高度相容的联盟非常少见，因此，国家目标的不同作为一个常态并不能很好解释联盟的不同反应，以国家目标作为维度来分析联盟的战略运作，会遮蔽我们对其他重要维度的认识。在强制外交战略的运作过程中，各方事实上处于国际危机的非常态状况下，来自对手威胁的起伏变化，强烈影响各方对利益和目标的界定。

总之，忽视了外部威胁这一影响的存在，导致塞萨这一模型失去了变化的动力，成为了一种结构性的、静止的模型。当我们用这一模型来解释联盟与外部对手的互动过程时，就会遇到困难。例如，塞萨认为凝聚型联盟是最为理想的联盟，成员之间依赖程度基本相当且利益高度相容，这意味着成员国之间相互控制很少，这种联盟基本上是一种对抗共同敌人的力量凝聚。彼此间相互依赖的对称缓解了所有成员“被抛弃”的担忧。但是，格林·斯奈德却认为，当盟员之间的相互依赖水平高且对称，联盟的安全困境将会比较严重。依赖水平高，每个盟员都需要盟友的

---

① 一国短期或者长期的利益就是它的目标（Goals），可以说利益就是一国“对结果的偏好”。一国当前的利益就是它的动机（Motive），当前利益和动机是相等的。参见 Tang Shiping, “Outline of a New Theory of Attribution in IR: Dimensions of Uncertainty and Their Cognitive Challenges”, *The Chinese Journal of International Politics*, Vol. 5, 2012, p. 303。

帮助，盟友的背叛造成的伤害也就更大，所以造成“被抛弃”的恐惧高。同时，为了避免盟友背叛，盟员很难拒绝盟友的要求，这就容易造成“牵连”。如果我们不能引入外部威胁这一维度，对这一问题的争论将难以解答。柯庆生和杰克·斯奈德的研究表明，即使盟员具有相容的共同利益，盟员还是具有逃避责任的动机。如果各国认为，敌人高度危险，自己的防卫相对敌人比较脆弱，那么就会采取“捆绑”（Chain Gangs）战略，共同对抗敌人。但如果各国认为自己占有防卫优势，那它们就会选择“推诿”（Passed Bucks）战略，将对抗敌人的责任推卸给别国。[①] 由此可见，塞萨和格林·斯奈德的观点均可成立，前提是必须考虑联盟的外部威胁水平。

国内学者苏若林、唐世平从联盟管理的角度，提出了一个联盟内部相互制约的分类模型。他们按权力对比，将联盟分为对称性联盟和非对称性联盟；按联盟成员的意图，将联盟区分为防御性联盟和进攻性联盟，并获得四个“理想型”联盟。他们认为，每一个“理想型”联盟都存在自身特有的互动状态。总的来说，在对称性联盟中，若盟友意图一致，则彼此相互制约易于成功，联盟容易管理；反之，则不易管理。在非对称性联盟中，只有当强国为防御性现实主义国家而弱国为进攻性现实主义国家时，相互制约才相对困难，联盟才较难管理。[②] 具体模型见下表 1—2。

---

① Thomas J. Christensen and Jack Snyder, “Chain Gangs and Passed Bucks: Predicting Alliance Patterns in Multipolarity”, *International Organization*, Vol. 44, No. 2, 1990, pp. 137 - 168.

② 苏若林、唐世平：“相互制约：联盟管理的核心机制”，载《当代亚太》，2012 年第 3 期，第 6—38 页。

表 1—2　各类联盟相互制约成功的可能性

<table>
<tr><td></td><td>意图一致</td><td colspan="2">意图不一致</td></tr>
<tr><td>对称性联盟</td><td>高</td><td colspan="2">低</td></tr>
<tr><td rowspan="2">非对称性联盟</td><td rowspan="2">高</td><td>强国为进攻性，
弱国为防御性</td><td>强国为防御性，
弱国为进攻性</td></tr>
<tr><td>高</td><td>低</td></tr>
</table>

表格来源：苏若林、唐世平："相互制约：联盟管理的核心机制"，载《当代亚太》，2012 年第 3 期。

可以看出，苏若林、唐世平提出的是一个联盟内部"约束力"的模型，这一模型要解释的是联盟的存续和崩溃的问题。盟员之间相互约束力高，则联盟可以存续，约束力低，联盟则面临崩溃的危险。如果借用这一模型分析强制外交背景下的联盟博弈，则至少面临以下几方面的困难。首先，联盟的"约束力"不等于联盟的"凝聚力"，联盟的"约束力"对应的是联盟"存续"这一最低目标，而在国际危机环境下，强制外交考验的是盟员能否就强制的目标达成一致，能否采取一致、可信、有力的强制措施，能否经受住对手的反制措施，从而取得战略的胜利，因此，我们需要的是一个关于联盟"凝聚力"的解释和预测，而不仅仅是"约束力"的大小。其次，外部威胁是影响联盟内部动力的很重要因素，尤其是在危机和战争状态下。如同塞萨的模型一样，苏若林和唐世平的模型也没有引入外部威胁这一维度，他们把研究的范围限定在非战争（非危机）状态下的联盟管理，因此，这一模型也是静态的、结构性的，难以很好解释联盟与外部对手的互动过程。最后，推论得出这一模型的一个前提存在问题。苏若林和唐世平认为，进攻性国家更怕"被抛弃"，防御性国家更怕"被牵连"，但是，在不考虑国家实力和外部威胁程度的情况下，这一假设是站不住脚的。例如，当联盟内一个实力弱小的进攻性国家面临实力强大对手的巨大威胁时，我们很难从逻辑上判断它更怕“被抛弃”还是更怕“被牵连”。“大象打架，踩死蚂蚁”，在面临巨大威胁的时候，即使是进攻性小国也不得不考虑大国对抗可能会对自己造成的严重伤害。笔者认为，一国的意图并非不重要，[①] 而是我们无法断定一国的意图究竟是进攻还是防御，[②] 更无法武断地认为进攻国家更惧怕“被抛弃”，防守国家更惧怕“被牵连”。国家偏好本身并不是一成不变的，采取进攻还是防御战略随时间和条件而定。至少外部威胁会对一国的意图产生重要影响，外部威胁小，一国的意图可能会更具进攻性，当面临大的外部威胁时，一国的意图可能会变成防御性。具体到强制外交战略，强制方的目的是威胁一国停止或者消除某个行为（Stop or Undo an Action），也就是说，亚历山大·乔治认为，威胁的防御性使用才是强制外交，威胁的进攻性使用是“讹诈”（Blackmail），而非强制外交。因此，即使意图是重要的，当我们讨论强制外交的时候，强制方至少在战略目标上被认为是防御性的。

综上所述，现有的联盟理论并没有提出一个关于联盟凝聚力

---

① 关于国家意图的讨论，参见唐世平：《我们时代的安全战略理论：防御性现实主义》，北京大学出版社，2016 年版；Tang Shiping，“Outline of a New Theory of Attribution in IR：Dimensions of Uncertainty and Their Cognitive Challenges”，*The Chinese Journal of International Politics*，Vol. 5，2012，pp. 299 – 338.

② 苏若林、唐世平：“相互制约：联盟管理的核心机制”，载《当代亚太》，2012 年第 3 期；Alastair I. Johnston，*Cultural Realism：Strategic Culture and Grand Strategy in Chinese History*，Princeton：Princeton University Press，1995；Huiyun Feng，“The Operational Code of Mao Zedong：Defensive or Offensive Realist?” *Security Studies* 14，No. 4，2005，pp. 637 – 662；Huiyun Feng，*Chinese Strategic Culture and Foreign Policy Decision – making：Confucianism，Leadership and War*，London and New York：Routledge，2007。

的分析模型，现有的静态化、结构性的分析模型关注的是联盟内部成员之间的博弈问题，并不能很好地解释盟员之间以及盟员与外部对手之间“双层博弈”的动态变化。因此，本书将在接下来提出一个关于联盟凝聚力的新的分类方法，并在此基础上建构一个联盟“双层博弈”的分析框架。

第三节　联盟的凝聚力模型：一种新的分类方法

如上所述，由于联盟之间的千差万别，试图用一种分类方法解释联盟运作的所有问题显然是不切实际的，正确的方法应该是针对研究课题的需要，进行合适的界定和分类。本书发现，尽管凝聚力（Cohesion）是在联盟政治中经常出现的词汇，但是在国际政治学中，对凝聚力内涵和外延的详细界定却并不多见。更为重要的是，究竟是哪些因素决定了联盟凝聚力的高低，这些因素又是通过怎样的机制影响了联盟的凝聚力，目前学界并没有相关的权威研究，仅仅散见于相关文献的片段当中。

一、关于“凝聚力”的界定

为了解决这一问题，我们不妨先从凝聚力的定义开始进行分析。从现有的文献来看，多数国际政治学者将凝聚力的核心放在了盟员之间的目标一致性上，认为凝聚力反映的是盟员之间目标的差距。[①] 另有不少学者采用了奥利·霍尔斯蒂（Ole Holsti）等的行为性的概念化方式，将联盟凝聚力定义为“成员国就目标和实现目标的策略达成一致的能力”。[②] 在心理学中，学者们对集体凝聚力的研究已经比较成熟和充分，集体心理学研究中得到比较广泛接受的定义是“凝聚力是一种动态的过程，它反映了集体团结一致追求其工具性目标和/或满足个体情感需求的一种趋势”。[③] 心理学的定义提醒我们，不应该把凝聚力看作为相对静态的个体之间的能力，而应该将凝聚力理解为一种动态的过程和趋势，这种过程反映出集体外部的影响因素与内部个体之间的互动性影响，以及内部个体与个体之间的互动性影响。因此，笔者将联盟的凝聚力定义为“凝聚力是盟员之间就目标和实现目标的策略达成一致的动态的趋势”。

虽然我们对凝聚力进行了定义，但是这一抽象定义还是没有告诉我们凝聚力究竟包括什么，并且现有的国际政治学文献也没有给出对威胁外延的界定。为了解决这个问题，我们对凝聚力的外延从逻辑上进行一个抽象的推理。我们既然将凝聚力定义为盟

① Fred Chernoff, “Stability and Alliance Cohesion”, *Journal of Conflict Resolution*, 34, No. 1, 1990, pp. 92 - 101; Louise Richardson, *When Allies Differ*, New York: St. Martin's Press, 1996; James O' Leary, “Economic Relationships Among the Allies: Sources of Cohesion and Tension”, in Alan Ned Sabrosky ed., *Alliances in U. S. Foreign Policy: Issues in the Quest for Collective Defense*, Boulder: Westview, 1988, pp. 41 - 56.

② Ole R. Holsti, P. Terrence Hopmann, and John D. Sullivan, *Unity and Disintegration in International Alliances: Comparative Case Studies* New York: Wiley, 1973, p. 16; Patricia A. Weitsman, “Alliance Cohesion and Coalition Warfare: The Centeral Powers and Triple Entente”, *Security Studies*, 12, No. 3, 2003, p. 85; James Jungbok Lee, “The Importance of Status: The US - ROK Alliance Cohesion and The First Korean Nuclear Crisis, 1993 - 1994”, *The International History Review*, Vol. 40, No. 2, p. 317.

③ Albert V. Carron, Lawrence R. Brawley, “Cohesion: Conceptual and Measurement Issues”, *Small Group Research*, Vol. 31, No. 1, 2000, p. 94.

员之间共同追求某一目标的一种趋势，那么盟员之间的相互支持就是必不可少的，从中我们抽象推理出凝聚力的第一个组成部分——支持力，即盟员相互支持，共同就目标和实现目标的手段达成一致，并能够就共同目标的实现投入个体的资源。但是，由于盟员之间不可能完全没有分歧，那么当分歧出现的时候，盟员之间能够相互约束，从而保证能够达成妥协就十分关键，从中我们可以抽象推理出凝聚力的第二个组成部分——约束力。

约束力产生的首要来源是盟员之间的相互依赖。格林·斯奈德认为，对联盟的依赖性，就是终止或者背叛联盟的机会成本。联盟成员可以从联盟运作中取得各种收益，如安全、声望、国内政权的稳定等，同时又要承担一定程度的成本和风险，如让渡部分主权、承担部分军事义务等。两项相抵，如果联盟成员获得的净收益越大，那么它对联盟的依赖性越高。但如果联盟成员可以比较容易地获得替代性的收益，比如通过自身能力的开发或者通过与其他国家结盟获得收益，那么又会抵消联盟成员的依赖性。

他同时认为，在国际政治领域，联盟的依赖性主要是指军事上的依赖，它涉及联盟成员最核心的需求。同上面的分析，军事依赖主要由三方面的要素构成：一是联盟成员对军事援助的需求；二是其他成员满足这一需求的程度；三是可以满足这一需求的替代性渠道或方法。一个联盟成员军事能力越弱小，其他成员对其军事援助的承诺越有力，其他替代性渠道或方法越难以获得，那么联盟成员对联盟的依赖性越高，反之则越低。最终的依赖程度，取决于决策者对三方面因素的综合权衡。①

依赖意味着软弱性，一个国家对盟友越依赖，则盟友对自身

① Glenn Snyder, Alliance Politics, pp. 166 – 168.

能够造成的伤害就越大，则越容易受到盟友的约束，因此，一国约束盟友的能力，与其对盟友的依赖性成反比。对盟友越依赖，则约束盟友能力越弱；盟友对自己越依赖，则越容易影响、控制盟友的行为。

同时，斯奈德认为，联盟成员的依赖性不是一成不变的，它会因时因事发生变动。首先，联盟成员之间的关系、联盟与对手之间的关系起伏不定，从而造成联盟成员依赖性变动不居。当联盟成员之间的冲突激化或者联盟与对手之间冲突缓和，都会造成联盟成员依赖性的下降。其次，联盟成员可能在某些事情上、某些范围内对盟友产生依赖，但是在其他方面可能并不是如此。[①]由此我们可以得出约束力的另外两个来源。

一个来源是盟友之间的承诺水平。一国对盟友的承诺水平使其对盟友的约束力产生复杂影响。一方面提高对盟友的承诺，可以增强盟友对自己的依赖性，有利于影响、约束盟友；另一方面，提高对盟友的承诺，就提高了自己违反承诺的代价，从而使自己更加受到约束。

斯奈德认为，承诺水平主要由两方面的要素构成：一是盟约中的言语承诺，以及之后对承诺的说明和解释。言语的承诺越清晰、越准确，那么不履行承诺的代价就越高，威胁不履行承诺的可信性就越低，那么受到的约束水平就越高。二是承诺是否符合自身的利益。如果一个国家有先在的利益，它对承诺的履行并不完全取决于道德、法律的考虑，那么它更有可能履行承诺。这种利益往往是一个国家固有的或者“战略性”的利益，不管联盟是否存在，都需要对盟友进行援助，避免盟友落入对手手中。在这

① Glenn Snyder, Alliance Politics, p. 168.

种情况下，这个国家就越难对盟友施加压力。

笔者认为，斯奈德对承诺要素的分析还缺少了重要的一个方面。在国际政治的实践中，一国的承诺水平往往非常难以判断，尤其当利益结构并不清晰、利益权衡比较困难的时候。因此，行动的承诺，尤其是军事行动，就具有了特别重要的意义。

相较于言语，军事行动成本高、代价大，故而能够更为清晰有力地表达一方的决心。同时，一方以军事行动表达承诺的决心，会对自身与盟友的博弈能力造成不利影响，容易被盟友“牵连”造成擦枪走火。因而，在决策初期，有的决策者会倾向于采取有限的军事部署或者军事援助，一方面缓解盟友的猜忌，另一方面又避免底牌全部暴露。但是，放在整个大的战略下考虑，国家可能不得不兑现承诺，避免形势发生战略性的改变。如冷战时期的美国，基于“多米诺骨牌”效应的认知，不惜介入朝鲜、越南等局部战争，在亚洲形成对共产主义的封锁，从而坚守对亚洲“自由世界”的承诺。

约束力的另一个来源是共同的外部威胁。严重的共同外部威胁能够造成盟员间依赖性的增加，从而使盟员之间的约束力显著上升。另外，如果盟员受到的外部威胁并不对称，那么受到外部威胁大的盟员会对盟友更加依赖，从而更容易受到盟友的约束，受到外部威胁小的盟员对盟友的依赖更小，更加不愿意受到盟友的牵连。

二、外部威胁对凝聚力的影响

事实上，外部威胁不仅通过影响内部依赖水平的方式间接影响盟员间的凝聚力，大量的文献研究表明，外部威胁还能够对集体内部凝聚力产生正面影响。关于集体外部威胁感知的增长与集体内部凝聚力存在正向关系的假设，最初起源于社会学研究。社会学家乔治·齐美尔（George Simmel）指出，外部冲突能够导致合作水平的上升，因为冲突的危急性需要政治上的一致性。[①] 拉尔夫·达伦多夫（Ralf Dahrendorf）则将这一假设上升为一般法则，他认为“人类集体通过增加内部凝聚力来应对外部压力似乎是种一般法则”。[②] 小罗宾·威廉姆斯（Robin M. Williams，Jr.）提出了这一正向关系存在需要满足的两个前提条件：（1）成员之间需要认可集体的存在，并认为维护这一集体是值得的；（2）威胁必须被认为是针对整个集体的，而不是仅仅针对集体的某个部分。[③]

这一假设随后得到了社会心理学者的关注，社会心理学家通过理论推理和实验测量，为这一假设提供了更多的证据。查尔斯·弗瑞兹（Charles Fritz）和亨利·威廉姆斯（Henry Williams）

① George Simmel, *Conflict and the Web of Group – Affiliations*, New York: Free Press, 1955, cited from Arthur A. Stein, “Conflict and Cohesion: A Review of the Literature”, *The Journal of Conflict Resolution*, Vol. 20, No. 1, 1976, p. 144.

② Robert Levine and Stephen Walker, *Ethnocentrism: Theories of Conflict, Ethnic Attitudes, and Group behavior*, New York: John Wiley, 1972, p. 31. 关于社会学更多的研究，参见 Muzafer Sherif and Carolyn Sherif, *Groups in Harmony and Tension*, New York: Harper & Row, 1953; Lewis Coser, *The Function of Social Conflict*, New York: Free Press, 1956; Ralf Dahrendorf, *Class and Class Conflict in Industrial Society*, Stanford, CA: Stanford University Press, 1959; Ralf Dahrendorf, *Essays in The Theory of Society*, Stanford, CA: Stanford University Press, 1968。

③ Robin M. Williams, Jr., “The Reduction of Intergroup Tensions”, *Social Science Research Council*, No. 57, 1947, cited from Kyriacos C. Markides and Steven F. Cohn, “External Conflict/Internal Cohesion: A Reevaluation of an Old Theory,” *American Sociological Review*, Vol. 47, No. 1, 1982, p. 88.

认为，合作是由共同威胁和共同苦难造成的工具性功能。[①] A. J. 洛特和 B. E. 洛特则认为，当存在通过合作来减轻或者消除外部威胁的可能，并且个体既没有办法免受威胁，也没有办法脱离集体，这时候外部造成的共同威胁可以增加个体之间的相互吸引。[②] 罗伯特·汗布林（Robert Hamblin）则通过实验得出了三个结论：当面临危机时，（1）如果可能的解决危机的方法不存在，这时集体的一致性会下降；（2）当存在通过合作来应对危机的方法时，集体的一致性会上升；（3）当存在多种解决危机的方案时，集体的一致性会下降。[③] 马尔德和史多梅丁则通过实验不仅验证了个体在面临威胁时将会寻求他人的陪伴，并且验证了外部威胁会导致个体对内部强有力领导者的依赖。[④]

近年来，社会心理学者通过实验的方法，进一步检验得出了一些假设。盖里·伯恩斯坦（Gary Bornstein）验证确认了这一假设，即外部冲突可以增加个体对集体牺牲和贡献的程度。[⑤] 斯蒂芬·伯纳德（Stephen Benard）不仅确认了这一假设，并且说明，即使外部冲突处于低水平，也能够鼓励个体对集体做出牺牲。伯

① Charles Fritz and Henry Williams, "The Human Being in Disasters: A Research Perspective", *Annals*, 309, 1957, p. 48.

② A. J. Lott and B. E. Lott, "Group Cohesiveness and Interpersonal Attraction: A Review of Relationships with Antecedent and Consequent Variables", *Psychological Bulletin*, 64, 1965, p. 266.

③ Robert Hamblin, "Group Integration during a Crisis", *Human Relations*, 11, 1958, p. 68, 75.

④ M. Mulder and A. Stemerding, "Threat, Attraction to Group, and Need for Strong Leadership: A Laboratory Experiment in a Natural Setting", *Human Relations*, 16, 1963, pp. 317 – 334.

⑤ Gary Bornstein, "Intergroup Conflict: Individual, Group, and Collective Interests", *Personality and Social Psychology Review*, 7, 2003, pp. 129 – 145.

纳德进一步验证了两个假设：（1）外部冲突能够促进个体遵守和执行内部规范；（2）在某些情况下，冲突能够促使个体支持集中的领导。伯纳德认为，当个体觉得自己所在的集体在走下坡路的时候，这种倾向更为明显。①

外部威胁的上升与集体内部凝聚力的增加之间存在正向关系的假设，在国际政治学中，尤其在联盟政治的研究中，得到了广泛的接受和运用。② 乔治·利斯卡认为，外部威胁对于联盟凝聚力是必要的，前提是这种威胁必须是联盟能够对付得了的。联盟对付不了的威胁，或者不针对所有盟员的威胁并不能增加联盟的凝聚力。③ 霍尔斯蒂等人通过对冷战时期东、西方阵营和北大西洋公约组织等案例的检验，认为这一假设基本上得到了验证。不过他们也发现，相对于冲突缓和的情况，当东、西方阵营冲突加剧的时候，北大西洋公约组织成员国们表现出了更高的合作性，但是对于共产主义阵营来说，外部冲突的恶化仅仅造成了阵营内

① Stephen Benard, "Cohesion from Conflict: Does Intergroup Conflict Motivate Intragroup Norm Enforcement and Support for Centralized Leadership?" *Social Psychology Quarterly*, Vol. 75, No. 2, 2012, pp. 107 – 130.

② Morton Kaplan, *System and Process in International Politics*, New York: John Wiley, 1957; Arnold Wolfers, *Discord and Collaboration*, Baltimore: Johns Hopkins University Press, 1962; George Liska, *Nations in Alliance: The Limits of Interdependence*, Baltimore: Johns Hopkins University Press, 1962; Kenneth Boulding, *Conflict and Defense: A General Theory*, New York: Harper & Row, 1962; Andrew Scott, *The Functioning of the International Political System*, New York: Macmillan, 1967; Robert Rothstein, *Alliances and Small Powers*, New York: Columbia University Press, 1968; Ole P. Holsti, Terrence Hopmann and John Sullivan, *Unity and Distintegration in International Alliances*, New York: John Wiley, 1973; Arthur A. Stein, "Conflict and Cohesion: A Review of the Literature", *The Journal of Conflict Resolution*, Vol. 20, No. 1, 1976, pp. 143 – 172; Michael Sullivan, *International Relations: Theories and Evidence*, Englewood Cliffs, NJ: Prentice Hall, 1976.

③ George Liska, *Nations in Alliance: The Limits of Interdependence*, pp. 100 – 129.

部一致性的微弱增长。[①]

斯蒂芬·沃尔特将威胁看作是联盟形成的原因。肯尼思·华尔兹（Kenneth Waltz）的结构现实主义认为，对实力的制衡（Balance - of - power）是联盟形成的原因，[②] 而如前所述，沃尔特则认为联盟形成的原因是对感受到的威胁的制衡（Balance - of - threat）。

既然威胁是联盟形成的原因，那么合乎逻辑的推理应该是威胁水平的上升，应该与联盟的凝聚力保持正向关系，但是正如前面的文献回顾，社会心理学和国际政治学研究都认为，两者之间的正向关系是有条件的。如前所述，威茨曼接受了沃尔特关于国家结盟是对外部威胁的反应这一假定，但是她的研究也表明，威胁对国家结盟行为的影响是曲线性的，在不同威胁水平下，国家可能采取对冲、束缚、制衡和追随等不同策略。既然国家对威胁的反应不是简单的正向关系，那么联盟凝聚力与外部威胁之间的关系应该也不是简单的正向关系，而是复杂的。换言之，联盟凝聚力与外部威胁之间的正向关系是有条件的。

对此，威茨曼做了进一步的研究。她以轴心国同盟和协约国同盟为例，验证了两个联盟在战争状态下外部威胁水平和联盟对称性对联盟凝聚力的影响。她发现，战时联盟与和平状态下的联盟有很

---

① Ole P. Holsti, "East - West Conflict and Sino - Soviet Relations", *Journal of Applied Behavioral Science*, 1, 1965, pp. 115 - 130; Terrence Hopmann, "International Conflict and Cohesion in the Communist System", *International Studies Quarterly*, 11, 1967, pp. 212 - 236; Ole P. Holsti, Terrence Hopmann and John Sullivan, *Unity and Distintegration in International Alliances*, New York: John Wiley, 1973; William R. Thompson and David P. Rapkin, "Collaboration, Consensus, and Détente: The External Threat - Bloc Cohesion Hypothesis", *The Journal of Conflict Resolution*, Vol. 25, No. 4, 1981, pp. 615 - 637.

② ［美］肯尼思·华尔兹著，信强译：《国际政治理论》，上海人民出版社，2008 年版。

重要的不同。在和平状态下相容的外部威胁，在战争状态下可能变得不相容。和平状态下建立的外部威胁与内部凝聚力之间的关系在战争状态下可能发生改变。威茨曼还发现，尽管战败的轴心国同盟确实凝聚力不如获胜的协约国同盟，但是从整个过程来看，外部威胁与联盟凝聚力的正向关系只能获得部分经验性的支持。她认为，盟员国对威胁程度感知的不一致，加上联盟内部实力的不对称，会对联盟凝聚力产生不利影响。她倾向于认为，相比对称性联盟，不对称性联盟的凝聚力更差。①

威茨曼的研究与社会心理学研究的结论并不一致。社会心理学研究认为，外部威胁有导致内部集权的趋势，有可能会在集体内部产生极化（Polarization）现象，并且极化有利于产生内部凝聚力。威茨曼却倾向于认为，内部实力的不对称或者说极化，会对凝聚力产生负面影响。尽管尚没有文献解释产生这种分歧的原因，本书推测来自于两个学科研究对象的不同。社会心理学研究的个人与国际政治学研究的国家有着根本的不同，个人接受集体内的领导、做出牺牲个人利益的决定更加容易，当上升到国家，则是另一套博弈法则。

尽管各种文献通过推理和经验性研究，证明了外部威胁会对联盟内部凝聚力产生重要影响，但是我们对两者之间的作用机制仍然不是很清楚。如前所述，在社会心理学中，学者们认为可能的作用机制是：（1）外部威胁促进个人对集体的贡献和牺牲；（2）促进个体遵守和执行内部规范；（3）促进内部集权的产生。但是在国际政治学中，学者们对两者之间作用机制的解释基本上建立在简单的成本收益权衡上，“两害相权取其轻”，当外部威胁超过了内部纷争时，有利于盟员之间暂时搁置内部争议，促进合作的产生。在没有更好

① Patricia A. Weitsman, “Alliance Cohesion and Coalition Warfare: The Central Powers and Triple Entente”, *Security Studies*, 12, No. 3, 2003.

的理论可以借鉴的情况下，本书对两者之间作用机制的解释仍然借助于理性的成本收益分析方法，但是通过逻辑的推理，将其融入到整个联盟凝聚力产生机制的建构。

三、关于联盟凝聚力模型应用范围的限定

在进行整个建构之前，本书想首先对接下来提出的联盟凝聚力模型——联盟凝聚力产生机制的模型和联盟的分类模型——的应用范围做一下限定。这个模型是为了解释联盟凝聚力对强制外交实施产生的重要影响，因此它们的逻辑前提建立在联盟实施强制外交这一背景之下。这一背景大致可以描述为，一个国家的某种行为（Action）被另一个或者另几个国家视为威胁，因此，受到威胁的国家通过建立联盟或者通过已经存在的联盟联合起来对对手进行武力威胁，意图迫使其停止（Stop）或者消除（Undo）被其视为威胁的行为。在这一背景下，联盟的强制是对外部威胁的反应。通过本书希望了解：一是哪些变量会对这一背景下的联盟凝聚力产生影响，产生影响的机制和作用关系是怎样的；二是联盟凝聚力的高低如何影响强制外交的运作。因此，联盟凝聚力的高低仅仅是强制外交能否成功的一个影响因素，本书无法和无意将联盟凝聚力与强制外交成功与否相挂钩。

其次，根据前面所述关于凝聚力研究的文献，本书认为联盟通过强制外交战略制服对手需要满足以下必要条件：（1）外部威胁必须是联盟可以应对的，根据威茨曼的研究结论，难以对付的巨大威胁可能导致盟员的背叛和对对手的追随，而非团结一致的制衡。（2）联盟成员面对的是共同的外部威胁，即这一外部威胁需要对联盟内每个成员都产生威胁，或者至少对联盟内主要国家产

生威胁。(3) 盟员就应对共同外部威胁存在基本的共识和共同的利益，盟员认为借助联盟强制对手是值得的。也就是说，联盟的基本动力是制衡外部的威胁，它类似于威茨曼定义的“制衡的联盟”(Alliance for Balancing)，虽然盟员之间利益和目标不可能完全一致，可能包含部分束缚盟友（Tethering）的目的，但是盟友之间存在对抗外部威胁的基本需求和基本导向。

强制外交理论的奠基人亚历山大·乔治认为，强制外交战略是一种高度情境依赖的战略，[①] 所谓情境，就是强制外交战略运作的环境，环境会对战略的成功与否产生重要影响。在危机发生之后，强制外交战略的决策者应该首先考虑环境性因素是否适合这一战略的运用。[②] 因此本书认为如果不满足以上必要条件，联合强制的环境并不存在，决策者就不应该选择联合强制。

最后，这一模型可能会对国际危机状态下的联盟研究提供帮助。目前学术界往往把联盟放在和平状态下或者战争状态下去考察，对于联盟在介于和平与战争之间的危机状态下的研究相对不足。强制外交是国家处于一种危机状态，由于武力威胁的运用，在这种状态下的国家往往位于战争的边缘。相比和平状态，强制外交中的国家面临非常大的外部威胁，导致战争的巨大损失。但是相比战争状态，强制与被强制双方又具有更多的选择权和回旋余地。因此本书的研究，能够进一步加深我们对国际危机状态下的联盟的认识。

---

① Alexander L. George and Simons, William E. eds. , *The Limits of Coercive Diplomacy 2nd edn.* , p. 270.

② Peter Viggo Jakobsen, *Western Use of Coercive Diplomacy after the Cold War*, p. 20.

四、联盟凝聚力的产生机制

（一）"捆绑"与"推诿"/"寻求自主"的战略

如前所述，除了约束力以外，联盟凝聚力还包括盟员之间相互支持的力量，本书认为，外部威胁是内部支持力的重要来源，这一结论建立在理性的成本收益权衡的假设之上：（1）联盟成员总是试图使收益最大化、责任最小化；（2）联盟成员更偏向于独立行动，因为合作会导致对自身的限制和责任；（3）联盟被盟员视为一种合作的工具，它的价值在于聚集对抗共同敌人的资源，也就是说，结盟的前提是盟员能够从中获得收益。①

从这三条假设出发，我们可以推论，外部威胁水平将导致盟员有"捆绑"（Chain Gangs）和"推诿"（Buck - passing）两种战略选择。"捆绑"和"推诿"这两个名词，借用自柯庆生和杰克·斯奈德的研究，但是此处的具体含义与之前的并不完全相同。柯庆生和杰克·斯奈德的研究针对的是多极体系下联盟形成的原因，即如果各国认为，敌人是高度危险的，面对敌人它们是脆弱的，那么它们就会采取"捆绑"战略，结成紧密的联盟对抗敌人；如果各国认为自己防卫上有优势，那它们就会选择"推诿"的战略，让其他国家承担制衡敌人的成本和损失。② 而此处的"捆绑"与"推诿"，指的是盟员在联盟机制下对盟友采取的两种战略。"捆绑"指的是，当一国面临严重的外部威胁时，其

---

① Ole P. Holsti, Terrence Hopmann and John Sullivan, *Unity and Distintegration in International Alliances*, p. 43.

② Thomas J. Christensen and Jack Snyder, "Chain Gangs and Passed Bucks: Predicting Alliance Patterns in Multipolarity", *International Organization*, Vol. 44, No. 2, 1990, pp. 137 – 168.

依靠盟友共同对抗敌人的收益将会超出因此而担负的责任和限制，因此更愿意与盟友“捆绑”在一起，借助盟友的力量对抗敌人，减轻自身的成本和风险，这种情况下，盟员有更强的意愿支持联盟的有效运行，有更强的动机为联盟投入更多的个人资源，因此对联盟产生了“支持力”或“向心力”。但是，当一国受到的外部威胁下降时，其从盟友身上获得的收益将会变得模糊起来，而为联盟承担的责任相应变得明显，这种权衡的变化鼓励了不合作行为的产生。在联盟的情景下，不合作行为更多表现为“推诿”，一方面继续享受联盟带来的好处，或者是为了避免联盟解体带来的损失，另一方面将对抗敌人的责任推卸给盟友，希望盟友承担制衡外部威胁的风险和成本。当“推诿”出现时，联盟得到的支持力会下降。总之，受威胁高的盟员倾向于与盟友“捆绑”，而受威胁低的盟员倾向于将责任“推诿”给盟友。“推诿”战略其实是更大的“寻求自主”战略的一种形式，即盟员经过成本收益权衡，认为联盟收益小于自主决策的时候，将会寻求自主。这种自主，可能表现为推诿，也可能表现为不愿接受盟友的约束，由此产生了离心力（见表1—3）。

表1—3　外部威胁与盟员战略选择的关系

	盟员—外部威胁高	盟员—外部威胁低
“捆绑”战略	○	
“推诿”/“寻求自主”战略		○

笔者自制

（二）“被抛弃”与“被牵连”的恐惧

联盟支持力的另外一项组成部分是联盟内部安全困境的水平。迈克尔·曼德尔鲍姆（Michael Mandelbaum）将其称之为

“被抛弃”和“被牵连”的恐惧,[①] 而斯奈德将其称之为“联盟的安全困境”。[②]

1. **“被抛弃”的恐惧**

斯奈德认为，在无政府的多极世界中，如果盟员对自己在联盟内的处境不满意，它可以选择另行结盟，而这一行为将对其他盟友的安全造成重要影响，因为多极世界中，一个国家对盟友的安全依赖往往很严重。这就造成了盟员持续不断的对“被抛弃”的恐惧。斯奈德对“被抛弃”的定义，主要是指盟友的背叛、退盟或者另行结盟的行为。因此，他判断说，在两极世界中，由于两极的固化，一个国家无法背叛一个阵营而倒向另一阵营，故被抛弃的恐惧会减轻。[③] 但是，笔者发现，冷战期间，两大阵营中“被抛弃”的恐惧仍然存在，主要是小国害怕美苏两国拿别国的某些利益做筹码，私下里达成某些协议，使别国成为美苏两国博弈的牺牲品。

盟员往往可以采取两种办法，来避免被盟友抛弃。一种是积极的办法。即通过增加对盟友的支持，显示自己的忠心和可靠，增加盟友对结盟所能获利的期待，从而降低背叛的可能。例如：可以通过对盟约进行再谈判，从而做出对盟友有利的修改；通过外交沟通和公开表示等方式，提高对盟友的承诺水平；或者是在盟友与对手的某些冲突中提供支持。这些行动，能够让盟友产生对未来联盟作用的积极预期，提高背叛的机会成本。另外一种是

---

① Michael Mandelbaum, *The Nuclear Revolution: International Politics Before and After Hiroshima*, New York: Cambridge University Press, 1981, chap. 6.

② 以下关于联盟安全困境的论述，主要引自 Glenn Snyder, Alliance Politics, pp. 180 – 192; Glenn Snyder, “The Security Dilemma in Alliance Politics”, *World Politics*, Vol. 36, No. 4, 1984, pp. 461 – 495。

③ Glenn Snyder, *Alliance Politics*, p. 184.

消极的方法。即以背叛为威胁，迫使盟友提高支持的力度。这种方法的风险在于，可能会让盟友对未来结盟所能获得的利益产生消极预期，损害联盟的凝聚力。

2. “被牵连”的恐惧

盟员有可能在不符合自身利益的情况下，因为对盟友的承诺，而被“牵连”进军事冲突甚至是战争。一国可能会因为有盟友的支持和承诺，在与对手的冲突中立场强硬或者行事鲁莽，从而造成冲突的激化和升级。

降低承诺水平或者威胁取消对盟友的支持，是一国通常会采取的避免被盟友牵连的做法。这样可以让盟友在与对手的争端中，更加小心谨慎，更有可能通过退让的方式避免战争的发生。但是有时候，情况可能刚好相反，避免被牵连的方法是给予盟友更坚定的承诺。当一国没有办法牵制盟友的时候，采用给予盟友坚决支持的办法迫使对手知难而退，从而避免陷入战争。即斯奈德认为的，通过威慑避免“被牵连”。①

当一国对盟友的支持是出于战略利益的考虑，而非仅仅是道德法律的考量时，更容易受到盟友牵连。道德和法律的责任更加容易逃脱，一国较少会因为纯粹的道德法律责任，而让自己陷入一场代价高昂的冲突或者战争中。但如果是出于战略利益的需要，一国可能会承担更高的义务和承诺。这种坚定的支持，可能会造成盟友在与对手的冲突中更加冒险，采用更加强硬的立场，从而导致冲突的激化。

（三）联盟的安全困境

联盟安全困境之“困”，在于“被抛弃”和“被牵连”的恐

① Glenn Snyder, *Alliance Politics*, p. 185.

惧是反向变化的，减少一种恐惧的结果是增加了另外一种恐惧。为了减少盟友被抛弃的恐惧，满足它的安全需求，降低其背叛的企图，一国需要提高对盟友的支持力度或承诺水平，如此一来将大大增加被盟友牵连的可能。同时，为了缓解被盟友牵连的恐惧，一国可能会降低承诺，或者在某些与对手的争端和冲突中拒绝对盟友的支持，但这会造成盟友降低对联盟价值的判断，从而引发背叛。

“被抛弃”和“被牵连”的恐惧在联盟中普遍存在，但是由于相互依赖水平的不对称，不同盟员占主导地位的恐惧产生了区别。越依赖盟友的国家越脆弱，盟友的背叛行为对其造成的伤害也越大，因此越害怕“被抛弃”；越被盟友依赖的国家则越担心盟友的“牵连”，要尽量避免为了盟友火中取栗（见表1—4）。

表1—4　“被抛弃”“被牵连”的恐惧与依赖性对比的关系

	越依赖盟友的国家	越被盟友依赖的国家
惧怕“被抛弃”	○	
惧怕“被牵连”		○

笔者自制

除了相互依赖水平的不对称造成盟员主要恐惧的不同，承诺水平也会对此造成影响。一国的承诺越坚决，那么盟友被抛弃的恐惧越低，但是被牵连的恐惧越高。相反，模棱两可的承诺，在降低被盟友牵连可能性的同时，造成了被盟友抛弃的可能性大为上升。但是，一国对盟友承诺的可信性往往是存疑的，这不仅仅因为盟友可能并不履行或不完全履行做出的承诺，也因为盟友清楚承诺带来的负面效果，为了避免，往往倾向于做出有条件的或者模棱两可的承诺，从而为自己的决策提供更多的运作空间。完全无条件的清晰承诺往往是少见的，承诺的艺术经常被盟员之间作为相互管理和博弈的策略。因此，在联盟凝聚力产生机制的模型中，本书把承诺看作是影响凝聚力的策略性变量，而盟员间的相互依赖和盟员感知到的外部威胁作为结构性变量加以考察。

“被抛弃”“被牵连”的恐惧为联盟提供了内部的向心力或者离心力。如前所述，害怕“被抛弃”体现了联盟对于国家的重要性，这样的国家往往会为联盟提供更多的支持，提高对盟友承诺的水平，积极协调与盟友的政策目标和策略手段。虽然也可能对盟友采取威胁的手段，但是主要的目的是为了迫使盟友增加对联盟的支持。害怕“被牵连”意味着联盟是一种束缚，会产生一定的离心力，一国采取的避免被盟友牵连的方法往往造成相互之间不信任的产生，损害联盟的凝聚力。但有的时候，当一国没有办法牵制盟友的时候，采用对盟友给予坚决支持的办法迫使对手知难而退，从而避免陷入战争，这又对联盟凝聚力提供了正向的支持。

因此，从整体上看，联盟内部支持力的产生机制包含了两个子机制：一是成本收益的权衡。国家均具有趋利避害的倾向，因此一般会选择增加收益、规避损失的战略，即使在损失不可避免的情况下，也会倾向于两害相权取其轻。二是联盟困境引发的国家风险平衡意识，由于一些国家担心被盟友“拉下水”，卷入到不必要的冲突中，又或者在冲突中被较强盟友所抛弃，因此国家对联盟的可靠性往往会产生怀疑。① 这两个方面的原因都会导致盟员对联盟支持力的变动。成本收益权衡造成了国家的战略选

① 这一机制来自刘丰研究的启发，详见刘丰：“分化对手联盟：战略、机制与案例”，载《世界经济与政治》，2014 年第 1 期，第 58—59 页。

择，联盟困境造成了国家策略上的顾忌。盟员之间不同的战略与策略组合，为联盟提供了支持力的强弱。

综上所述，本书将构建的联盟凝聚力产生机制的模型总结为下图（见图1—1）。

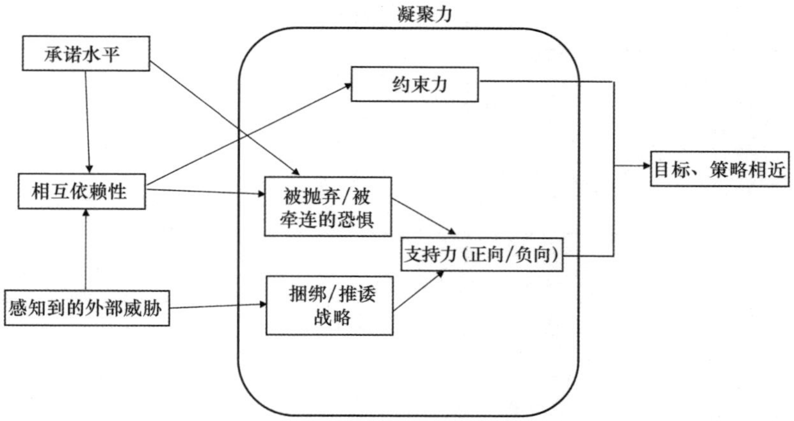

图1—1　联盟凝聚力的产生机制

笔者自制

五、基于联盟凝聚力的分类模型

如上图所示，联盟约束力和支持力的总和构成了联盟的凝聚力。联盟的约束力，主要反映了联盟由于内部相互依赖性导致的内部均衡性关系；而联盟的支持力，则是联盟内部结构与外部冲击共同作用的结果；因此，联盟凝聚力体现了联盟内部均衡性关系与外部冲击作用互构形成的新的均衡性关系。如前所述，外部威胁水平的高低会影响盟员捆绑或者推诿战略的选择，因此不同盟员对外部威胁程度的不同认知会导致其战略选择的不同。由此，我们可以按照盟员之间相互依赖对称与否、盟员感受到的外部威胁水平的高和低，以及盟员感受到的外部威胁水平是否对称这三个维度对联盟进行重新分类，结合表 1—3 和表 1—4，可以得出七种联盟分类下，盟员之间的内部博弈关系（见表 1—5）。

表 1—5　盟员之间的内部博弈关系

<table>
<tr><td colspan="2" rowspan="2"></td><td colspan="4">盟国认知的外部威胁水平</td></tr>
<tr><td colspan="2">对称</td><td colspan="2">不对称</td></tr>
<tr><td rowspan="4">盟员之间的相互依赖性</td><td rowspan="2">对称</td><td>威胁水平高</td><td>威胁水平低</td><td colspan="2">一国威胁水平高；
另一国威胁水平低</td></tr>
<tr><td>捆绑战略；
约束能力相当</td><td>推诿战略；
约束能力相当</td><td colspan="2">一国：捆绑战略；
另一国：推诿战略，
约束能力相当</td></tr>
<tr><td rowspan="2">不对称</td><td>强国：威胁水平高
弱国：威胁水平高</td><td>强国：威胁水平低
弱国：威胁水平低</td><td>强国：威胁水平高
弱国：威胁水平低</td><td>强国：威胁水平低
弱国：威胁水平高</td></tr>
<tr><td>强国：捆绑战略，惧怕牵连；
弱国：捆绑战略，惧怕抛弃；
强国领导意愿强</td><td>强国：推诿战略，惧怕牵连；
弱国：推诿战略，惧怕抛弃；
强国领导意愿弱</td><td>强国：捆绑战略，惧怕牵连；
弱国：推诿战略，惧怕抛弃；
强国领导意愿强</td><td>强国：推诿战略，惧怕牵连；
弱国：捆绑战略，惧怕抛弃
强国领导意愿弱</td></tr>
</table>

笔者自制

为了让这一分类更加简洁、各种关系更加清晰，我们对分类的维度做进一步简化的假设。首先，我们按照盟员之间相互依赖性的对称和不对称，将联盟分为对称性联盟和非对称性联盟。由于在大多数情况下，相互依赖的对称与否主要看盟友之间的实力对比是否悬殊，[①] 因此，如果盟员中有一方的实力明显强于其他国家，则我们认为该联盟为非对称性联盟；而如果盟员之间实力不分伯仲，则该联盟为对称性联盟。如果在一个多边联盟中，有一个国家的实力远远超过其他国家，这种情况下我们视为非对称性联盟；如果有两个或两个以上国家的实力远远超过其他国家，而这几个国家的实力基本相当，为了便于研究，我们将其简化为对称性联盟。因为这类联盟中，强国与弱国的互动虽然存在，但是其重要性远远低于强国之间的互动。其次，我们将联盟简化为只有两个盟国组成。在对称性联盟中，可以是强国与强国的组合，也可以是弱国与弱国的组合，但是我们更加关注的是前者，因为相对于弱国，强国才有机会和实力实施武力威胁。在非对称性联盟中，我们认为是一个强国加一个弱国的简化模式。由此我们最终得出一个基于联盟凝聚力的分类模型（见表1—6）。

表1—6　基于联盟凝聚力的分类模型

联盟凝聚力水平	盟国认知的外部威胁水平		
	对称		不对称
对称性联盟	I：威胁水平高	II：威胁水平低	III：一国威胁水平高；另一国威胁水平低
	凝聚力高	凝聚力低	凝聚力低

① 在某些情况下，由于地缘、历史等因素的影响，强国要解决某一迫切问题必须依赖弱国的帮忙，在这种情况下，强国和弱国之间的相互依赖处于相对对称的状态，详见本书海湾危机案例的讨论。

续表

联盟凝聚力水平	盟国认知的外部威胁水平			
	对称		不对称	
非对称性联盟	Ⅳ：强国威胁水平高；弱国威胁水平高	Ⅴ：强国威胁水平低；弱国威胁水平低	Ⅵ：强国威胁水平高；弱国威胁水平低	Ⅶ：强国威胁水平低；弱国威胁水平高
	凝聚力高	凝聚力摇摆不定	凝聚力高	凝聚力低

笔者自制

这一分类模型之所以没有加入“承诺水平”这一重要变量，主要基于两个原因：一是如果在分类当中再引入一个变量，将导致整个模型异常复杂甚至没法操作，这将为我们造成困惑而非更加清楚明了的认识，即使这一认识是有局限性的。二是如前所述，一个联盟的承诺水平可能有结构性的要素，尤其是对于存续时间比较长的联盟来说，主要是联盟的盟约和历史互动形成的信任。但是，一个联盟的承诺水平往往更有策略性的要素，即一国对盟友承诺的可信性往往是存疑的，承诺的艺术经常被盟员之间作为相互管理和博弈的策略。因此，在本书的考察中，没有把“承诺水平”这一变量引入到联盟的分类当中，而是把承诺看作是影响凝聚力的策略性变量加以考察，从而避免完全抛弃这一因素产生的偏颇。

这一分类模型反映了由联盟内部均衡性关系与外部均衡性关系互构而形成的联盟凝聚力。联盟内部均衡性关系主要由盟员的相互依赖性这一维度决定，联盟外部均衡性关系主要是指威胁这一维度对盟员的认知、共同利益的界定、合作的意愿等造成的重构。

在强制外交情境下，盟员的相互依赖性是联盟内部最重要的结构性维度，联盟的外部威胁则是联盟外部最重要的维度。强制外交是国际危机状态下的一种战略选择，而威胁不仅是国际危机的核心概念，也是国际危机的一个基本特征，是国际危机实践与危机反应之间的决定性介入变量。① 但是，威胁只有通过认知才能产生作用，在威胁不被有关方面所感知时，即使面对明显客观的证据，也几乎不会动员其防御性资源。反之，在威胁被感知时，即使被假设的对手并无恶意，也会采取相应的反威胁措施。② 奥利·霍尔斯蒂给出了一个表达威胁认知与危机反应的公式：S－r/s－R。S代表威胁刺激或者输入行为，可以是行动，也可以是语言。r代表对威胁刺激的认知，s代表意图或者态度的表达，R代表反应行动。S和R都是非评估性的。如果r相对于S而言处于一个较低的程度，则R（政策反应）相对于S而言，是较低水平的行为；如果r相对于S而言处于一个较高的水平，则R相对于S而言是较严重的行为。③

---

① 国际危机研究把“威胁”概念视为各种危机现象的核心。迈克尔·布雷彻（Michael Brecher）、格林·斯奈德（Glenn Snyder）和保罗·迪辛（Paul Diesing）等学者把对“决策单元高度优先目标”的威胁视为国际危机的基本特征。参见M. Brecher，“Towards a Theory of International Crisis Behavior”，*International Studies Quarterly*，March 1977，pp. 43－44；G. H. Snyder and P. Diesing，*Conflict among Nations*，NJ：Princeton University Press，1977. p. 6；邱美荣：“威胁认知与朝核危机”，载《当代亚太》，2005年第6期，第4页。

② Klaus Knorr，“Threat Perception”，in Klaus Knorr，ed.，*Historical Dimensions of National Security Problems*，Kansas：Lawrence Press，1976，p. 78.

③ Ole R. Holsti，Robert North and Richard A . Brody，“Perception and Action in the 1914 Crisis”，in J. David Singer，ed.，*Quantitative International Politics*，New York：Free Press，1968，pp. 123－158，转引自邱美荣：“威胁认知与朝核危机”，载《当代亚太》，2005年第6期，第4页。

笔者认为它是一种“类结构性”维度，它既包含了地缘、对手实力和利益等结构性维度，又包含了对对手意图、决心等的认知，更为关键的是，对手实力、利益等结构性维度，也是通过认知发生作用。斯蒂芬·沃尔特认为，影响威胁水平的因素主要有对手的综合实力、地缘的毗邻性、对手的进攻实力和侵略意图等。[①] 乔纳森·默瑟（Jonathan Mercer）则提出，一个国家承诺或者威胁的可信性是关于国家能力（Capability）、国家利益（Interests）以及国家决心（Resolve）三个部分组成的关系概念，可信性取决于其他国家对该国这三部分的感知。[②] 本书借鉴上述学者对威胁来源的分析，同时基于对强制外交战略的信号角度的分析（详见第四章），认为外部威胁水平是一国对对手威胁进行认知后产生的一种意象。[③] 威胁的基本构成是对手挑起冲突的利益（或者目标、动机）[④]，维护利益的实力、决心，以及对手挑起冲突的意图；威胁的外部条件是国际战略环境和对手的地缘毗邻性；威胁的实践依据是与对手的历史互动经验，它为一国解读对手的行为提供了重要的参考依据。这三部分构成最终通过决策者的认知形成关于对手威胁的意象（见图1—2），这一意象的形成，将对一国与对手的互动过程产生重要的影响。

---

① ［美］斯蒂芬·沃尔特著，周丕启译：《联盟的起源》，北京大学出版社，2007年版，第20—25页。

② Jonathan Mercer, *Reputation and International Politics*, Ithaca: Cornell University Press, 1996, pp. 27－28.

③ 关于“意象”的论述，详见本书第四章。

④ 一国短期或者长期的利益就是它的目标（Goals），可以说利益就是一国“对结果的偏好”。一国当前的利益就是它的动机（Motive），当前利益和动机是相等的。参见 Tang Shiping, “Outline of a New Theory of Attribution in IR: Dimensions of Uncertainty and Their Cognitive Challenges”, *The Chinese Journal of International Politics*, Vol. 5, 2012, p. 303。

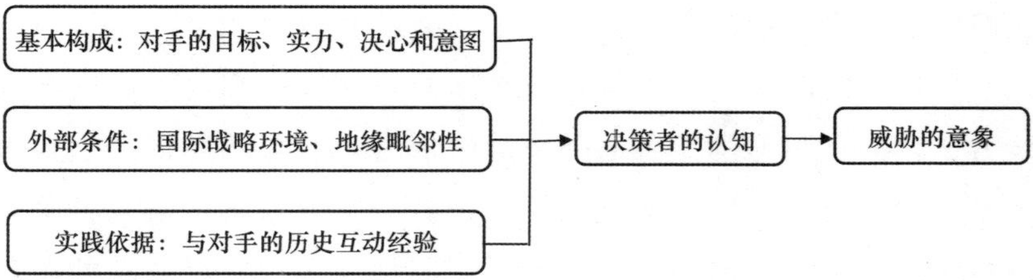

图 1—2　威胁意象的形成

笔者自制

关于对称性联盟，当盟员面对的外部威胁水平比较对称的时候，外部威胁越严重，联盟的凝聚力越强。由于对称性联盟成员之间相互约束能力相当，因此，联盟凝聚力的主要来源是外部威胁带来的支持力。共同的外部威胁越高，盟员之间将制衡外部威胁责任推卸给盟友的做法越不可行，盟友的失利可能造成自己安全形势的严重恶化，推卸的做法得不偿失，这时，盟员更愿意与盟友"捆绑"在一起，同舟共济，减轻自身的成本和风险。这时候的联盟是一种共同对抗外部威胁力量的凝聚。但是当外部威胁水平下降时，盟员之间冲突利益博弈的重要性就会上升，盟员将获得更高的转嫁成本与风险的动力。同时由于盟员实力接近，能力旗鼓相当，因此彼此之间的博弈将会比较激烈，从而造成联盟凝聚力的下降。

当外部威胁水平不对称时，受威胁大的一方意味着在联盟的内部博弈中处于弱势地位。受威胁大的一方希望能够与盟友"捆绑"在一起，借助盟友的力量对抗外部敌人。但是受威胁小的一方更不愿意为了盟友的利益承担过多的责任和风险，反而有"隔山观虎斗"的动机。甚至，受威胁小的一方可能会利用在联盟内部博弈中的优势地位，迫使盟友付出更多的利益，或在其他事情上对自己让步，从而换取自己的支持。这种做法会导致盟友之间怨恨的产生和疑虑的积累，损害了联盟的凝聚力。

在非对称性联盟中，当强国受到的外部威胁高时，联盟的凝聚力比较高；当强国受到的外部威胁低时，联盟的凝聚力也比较低。这种联盟的一般情况是强国保护弱国，即强国提供保护来换取弱国的服从，弱国因为安全需要而服从强国。弱国的功能被限制在对抗敌人方面，强国在对抗敌人的同时，还要控制弱国，并迫使弱国放弃部分主权。（1）如果强国和弱国受到的威胁都比较高，两个国家都希望与对方捆绑在一起。在这种情况下，强国主要担心弱国造成的“牵连”，担心弱国有恃无恐的行为给强国造成重大损失，或者担心弱国把强国当成为自己攫取利益的工具；而弱国主要害怕“被抛弃”，在高度激烈的对抗中，强国之间为了避免战争造成的巨大损失，可能以牺牲弱国利益为手段达成妥协。但是，相对于巨大的外部威胁，强国为追随者提供了安全保护，同时由于面临不对称的相互依赖，赋予了强国更大的能力和动机来影响弱国的政策，从而获得弱国的服从。（2）如强国受到的威胁高，而弱国受到的威胁低。弱国给强国造成“牵连”麻烦的可能性会比较小，强国更容易通过自身的实力，或者通过给予弱国更多的利益诱惑，从而牢牢掌握弱国的政策。

但是，当强国受到的威胁比较低时，强国控制和影响弱国政策的动力和能力会下降。（1）当弱国受到的威胁也比较低时，两国的战略选择都是推诿。相对于弱国，强国的实力更强，利益也更加多样和复杂，因此强国更难以将对抗敌人的责任推卸给弱国，弱国也就更加有动机搭乘强国的“便车”。在这种情况下，本书认为联盟的凝聚力可能处于摇摆状态。强国可能担负起对抗外部威胁的责任，而弱国为了避免被抛弃，也可能为了搭乘强国的便车，从而采取支持的行为。由于威胁水平低，强国被牵连的恐惧不大，强国可能动用有效的手段团结弱国，从而形成较高的凝聚力。但是，也可能因为对抗外部威胁的决心不足，控制和影响弱国的动力不足，而导致较低的联盟凝聚力。（2）当弱国受到的威胁比较高时，“被抛弃”的恐惧会非常大，它会全力设法紧紧绑在强国的“大船”上，借助强国的力量应对威胁成为弱国的首要政策选择。同时，弱国又要时常担心强国与对手达成妥协，出卖弱国的利益。如果强国对抗对手的意愿不强烈，弱国可能会试图将冲突扩大化，从而将强国“拉下水”。因此强国会十分担心弱国对自己造成“牵连”，尽量压制弱国的冒险行为，当弱国的行为超出强国控制时，强国甚至可能威胁撤销对弱国的安全承诺，从而迫使弱国让步，这样一来，弱国“被抛弃”的恐惧会进一步上升。这种联盟的中心特征就是讨价还价，联盟对弱国来说，是两害相权取其轻：它们需要领导者，但是又憎恨领导者的政策，希望能从联盟内部而不是外部更好地影响领导者的决策。对强国来说，它有着更加强大的权力可以迫使弱国服从。弱国尽管服从，但是并不情愿，它们总是试图影响强国。强国和弱国的对外目标和策略往往需要不断地协调，在对外政策的执行中，弱国往往会利用各种机会为自己争取利益，发出不同的声音，联盟内的不合也为对手的离间提供了机会。

上述模型提供了联盟的七种“理想型”分类（见表1—7），但是在实践当中，联盟的实际类型可能并不完全满足理想型的界定，有可能只是更为接近某种理想型的条件，也有可能处于两种理想型的中间位置。尤其是联盟外部威胁这一维度的引入，为联盟的分类模型提供了变化的动力。在强制外交的运作过程中，参与各方对威胁的认知可能发生明显的变化，导致联盟的凝聚力由某种理想型变为另一种理想型，或者由某种理想型变为某种非典型的理想型等。由于本书提供了联盟凝聚力产生的作用机制模型，因此，我们仍然可以借助这一模型为案例的研究提供一定的假设。

表 1—7　七种联盟理想型

<table>
<tr><td rowspan="2">联盟凝聚力水平</td><td colspan="4">盟国认知的外部威胁水平</td></tr>
<tr><td colspan="2">对称</td><td colspan="2">不对称</td></tr>
<tr><td rowspan="2">对称性联盟</td><td>I. 威胁水平高</td><td>II. 威胁水平低</td><td colspan="2">III. 一国威胁水平高；另一国威胁水平低</td></tr>
<tr><td>凝聚力高</td><td>凝聚力低</td><td colspan="2">凝聚力低</td></tr>
<tr><td rowspan="2">非对称性联盟</td><td>IV. 强国威胁水平高；弱国威胁水平高</td><td>V. 强国威胁水平低；弱国威胁水平低</td><td>VI. 强国威胁水平高；弱国威胁水平低</td><td>VII. 强国威胁水平低；弱国威胁水平高</td></tr>
<tr><td>凝聚力高</td><td>凝聚力摇摆不定</td><td>凝聚力高</td><td>凝聚力低</td></tr>
</table>

笔者自制

上述模型解决了联盟外部威胁与联盟内部结构互构下联盟内部的博弈分析，但是盟员除了面临联盟的内部博弈之外，还面临与联盟外部对手的博弈，也就是“双层博弈”的存在。在下一节，本书将重点分析联盟内部博弈与外部博弈之间的互动关系。

第四节　联盟的双层博弈和复合困境

双层博弈模型最早由美国学者罗伯特·普特南（Robert

D. Putman）提出，他认为，外交谈判过程具有双重性，政治博弈同时在国内和国际两个平台上进行，并最终在内政与外交两个层面中寻找平衡点。因此外交谈判可以看作是在国内政治与国际政治两个层面同时开展的双层博弈。①

由于普特南没有讨论国家的结盟问题，因此，当一国选择结盟外交时，双层博弈模式就会显示其局限性，故而有的学者提出，结盟国家事实上应该是“三层博弈”的模式，即结盟外交本质上是博弈，它包括执政党与国内反对党、盟友以及敌国的相互博弈，这种博弈已经具有三重性，结盟国家的三层博弈之间不是孤立的，而是相互影响、相互促进的。②

国内政治当然是重要的，但是却不是本书要研究的问题。因此本书将研究问题限定在一国与盟国之间的内部博弈和与敌国之间的外部博弈两个层次上，一国要在联盟内和联盟外博弈中讨价还价，并在盟友和对手之间寻找平衡点。

现实主义国际关系理论认为，联盟基于共同的威胁而形成，联盟是基于共同敌人的反应机制。从这个意义上讲，联盟内部的博弈和联盟与外部敌人的博弈自始至终紧密联系，是一个硬币的两个侧面。联盟内部的战略战术运用会对外部对手产生间接作用，反之亦然。因此，盟员每个战略战术的选择，均要同时考虑它的直接作用和间接作用，面临联盟内部和外部的双层博弈。

正因为如此，联盟内部安全困境和联盟外部安全困境纠缠在了一起。联盟外部安全困境，是指在国际体系层面存在的安全竞

---

① Robert D. Putnam, "Diplomacy and Domestic Politics: The Logic of Two – Level Games", *International Organizations*, Vol. 42, No. 3, 1988, pp. 427 – 460.

② 孙德刚：“结盟外交与国际安全竞争中的‘三层博弈’模式”，载《国际论坛》，2018 年第 10 卷第 6 期，第 41—46 页。

争，在无政府条件下，一国增强自身安全的行为，如结盟、增加军备力量等，会导致其他国家不安全感的产生，从而采取相似措施予以回应，进而造成了国家间的紧张局势和冲突，尽管没有国家希望产生这样的结果。

对于安全困境，罗伯特·杰维斯指出了两种模型来解释预测安全竞赛的发展变化，从而对应两种不同的应对策略。① 一种是威慑模型（Deterrence Model），这种模型下国家应采取强硬的应对策略。这种模型认为，强硬策略的结果是对手的让步，相反，如果采用安抚策略，会被对方认为有机可乘，造成对方得寸进尺。第二种是螺旋模型（Spiral Model），这种模型下国家应该采取缓和策略。螺旋模型认为，强硬策略会激发对手采取更为强硬的回应，引发国家间敌意和紧张局面的螺旋上升，相反，缓和策略可以表明自己的友善用意，并促使对方采取互惠行为，避免冲突的升级。

杰维斯认为，采用何种应对策略取决于对手是否是侵略性国家。如果是，那么应该采取强硬策略，威慑对手不要进一步冒犯。如果对手是现状维护型国家，或者仅仅是对现状有轻微的不满，那么应该采用安抚的策略。但是，由于判断国家的目的究竟是否具有侵略性往往并不容易，所以现实中政策的选择仍然会面临安全困境的困扰。

更为困难的是，盟员始终面临联盟内部和外部两个博弈场，面对内部和外部复合的安全困境，如下表（表 1—8）所示：

---

① ［美］罗伯特·杰维斯著，秦亚青译：《国际政治中的知觉与错误知觉》，上海人民出版社，2015 年版，第 62—70 页。

表 1—8　联盟双层博弈的困境

策略	可能产生的后果	
	联盟内博弈	与联盟共同对手的博弈
Ⅰ 联盟内：支持；提高承诺水平 联盟外：强硬	好的结果： 1. 消除盟友疑虑，降低“被抛弃风险” 2. 提高了忠于盟友的声誉	好的结果： 1. 威慑对手 2. 显示了决心
	坏的结果： 1. 增加了“被牵连”的风险 2. 损害了与盟友讨价还价的能力 3. 丧失了另行结盟的可能 4. 提升了对方联盟的凝聚力	坏的结果： 1. 刺激对手 2. 恶化紧张局势引起不安全感的上升螺旋
Ⅱ 联盟内：取消支持；降低承诺 联盟外：安抚	好的结果： 1. 限制盟友，降低牵连的风险 2. 增加与盟友讨价还价的能力 3. 保留了另行结盟的可能 4. 分化对手联盟	好的结果： 1. 解决冲突 2. 缓和紧张局势
	坏的结果： 1. 增加“被抛弃”的风险 2. 损害了忠诚声誉	坏的结果： 1. 对手得寸进尺 2. 损害了决心

表格来源：Glenn Snyder，*Alliance Politics*，p. 194。

表 1—8 显示了盟员所面临的复合安全困境。[①] 在策略一栏，显示的是盟员在联盟内部和联盟外部两个层面采取的博弈策略，不同的博弈策略，将在联盟内部和联盟与对手之间造成不同的后

① 联盟的复合安全困境分析，主要引自 Glenn Snyder，*Alliance Politics*。

果，面临不同的困境。决策者需要在双层博弈当中，充分考虑四个方面的后果，从中做出权衡，找到最优解。问题在于，在一个层面的最优解，可能在双层博弈当中并不是最优解，因此复合安全困境对决策者提出了巨大的挑战。

为了解决上述复合安全困境，决策者似乎有另外两种策略可以采用，第一种是对对手强硬的同时，采取限制盟友的策略。这样一方面可以向对手显示决心，对对手形成震慑，另一方面又避免盟友倚仗联盟的支持，采取过激行为，造成牵连的发生。这似乎是理想的策略，但是在现实当中，这一策略的实施面临诸多限制，并不容易成功。一是从盟友博弈能力的角度来看，这一策略需要对盟友具有较强的博弈优势。如果盟友的依赖性不高，但是与对手的冲突利益比较大，这时候盟友就不容易被限制。限制盟友还可能会起到鼓励对手的反作用。二是要求决策者具有较强的信号管理能力和技巧。同时对对手和盟友采取强硬态度，这需要向它们发出不同的信号。但是，天下没有不透风的墙，这种相悖的信号传递要求往往会造成难以想象的困难。关于这点，本书将在后面进行详细论述。

第二种策略是同时对盟友和对手采取安抚的手段，即对盟友给予坚定的支持，但同时试图与对手达成和解。可以看出，这两个层面的目标之间存在着张力，尤其是当盟友根本不想与对手达成和解的时候，这一矛盾会被激化。对对手的绥靖，可能导致盟友的疏远；对盟友的大力支持，可能会影响与对手的和解，甚至对手也可能通过结盟的方式进行对抗。决策者必须小心在两者之间寻找平衡，并伴之以两相逆反的信号传递。

在发生危机的情况下，决策者想要使用这两种策略尤其困难。在危机中，伴随紧张局势的上升，决策者的认知会发生变化。盟员会以怀疑的态度对待盟友与对手之间任何一项交易，盟友之间任何相互支持的表示，都可能激化对手对局势的认知。

斯奈德的研究为我们提供了关于联盟“双层博弈”面临的复合困境的概览。下面，本书将在此基础上，详细分析强制外交情境下七种联盟类型可能面临的具体的困境。由于七种联盟理想型已经由推理得出了相应的凝聚力水平和内部博弈关系，因此，本书不再考察每种理想型所有可能采取的策略将面临的困境，而是考察两种假定情况下的策略，一是在每种理想型现有凝聚力水平下可能采取的策略，本书称之为“一般策略”；二是假定在面临敌人的时候，每个联盟均希望并且有可能积极提高联盟凝聚力，从而更好应对外部威胁，在此假定下每种理想型理论上可以采取的能够提高联盟凝聚力的策略，本书称之为“改进策略”。需要强调的是，凝聚力高的理想型联盟，其一般策略和改进策略可能相同。此处推论的目的不是说实践当中联盟只能采用这些策略，而是为了让我们对不同理想型联盟面临的双层博弈困境有直观、具体的了解。从分类学的意义上讲，采用不同策略的联盟理想型，可以被认为是理想型的亚型，由此，我们共得到了 12 个联盟理想型的亚型。

另外，本书还分析了针对每个联盟理想型，联盟对手针对联盟内部博弈关系可能采取的分化联盟的策略。① 根据联盟凝聚力

---

① 关于分化对手联盟，可参见刘丰：“分化对手联盟：战略、机制与案例”，载《世界经济与政治》，2014 年第 1 期，第 48—65 页；Timothy W. Crawford, “Preventing Enemy Coalitions: How Wedge Strategies Shape Power Politics”, *International Security*, Vol. 35, No. 4, 2011, pp. 155 – 189; Timothy W. Crawford, “Wedge Strategy, Balancing, and the Deviant Case of Spain, 1940 – 41”, *Security Studies*, Vol, 17, No. 1, 2008, pp. 1 – 38; 刘兰、蒋昌建：“联盟情境下试探型强制外交行为探析”，载《世界经济与政治》，2012 年第 6 期，第 58—74 页。

产生机制的模型来推理，联盟的约束力主要由相互依赖性这一结构性维度所决定，相互依赖主要基于盟员的实力，而在国际危机的过程中，盟员实力的变化一般来说是不明显的。因此，分化对手联盟主要从破坏联盟的支持力入手，如前所述，主要包括了两个子机制：一是破坏盟员关于成本收益的权衡，引发盟员之间关于战略目标的不一致；二是加重联盟困境，造成盟员策略运用上的顾忌。①

具体说来，强制外交情境下七个联盟理想型的双层博弈关系与面临的复合困境，请见表1—9。

联盟理想型Ⅰ（对称性联盟，外部威胁水平高且对称）：这一联盟有两大特点，一是这种联盟是一种对抗外部威胁力量的凝聚，联盟的首要目标是联合力量一致对外；二是外部威胁水平越高，联盟凝聚力越高。在这种情况下，联盟的一般战略和改进战略相同，就是要动用最多的资源给予对手最有力的强制，虽然这种策略可能导致局势恶化、战争风险加大，但即使强制失败，盟员之间也是为了共同的目标而战，共担风险，所以“被牵连”的恐惧有限。针对这一联盟，对手可以采用缓和与一方矛盾，维持或者激化与另一方矛盾的策略，引起外部威胁的不对称，从而使联盟理想型Ⅰ变成联盟理想型Ⅲ，即进入一个比较糟糕的凝聚力水平。

① 刘丰提出了分化对手联盟的两个机制，本书将两个机制与战略/策略的划分联系了起来。参见刘丰：“分化对手联盟：战略、机制与案例”，载《世界经济与政治》，2014年第1期，第48—65页；节大磊：“约束盟国的逻辑与困境”，载《世界经济与政治》，2016年第3期，第74—94页。

表 1—9　强制外交情境下七种联盟理想型的双层博弈和复合困境

联盟类型	一般策略	改进策略	联盟内博弈	联盟外对手博弈	对手可能的反制策略
Ⅰ 对称性联盟，外部威胁水平高且对称	联盟内：支持、提高承诺水平；联盟外：有力的强制	同一般策略	好的结果： 1. 凝聚力高，避免被对手分化 2. 提高了忠于盟友的声誉 坏的结果： 1. 增加了被牵连的风险 2. 提升了对方凝聚力	好的结果： 1. 对手服从 2. 显示了决心 坏的结果： 刺激对手；恶化紧张局势；引起不安全感的上升螺旋	1. 降低对一方威胁，维持或者增加对另一方威胁 2. 拉拢一方，打击另一方
Ⅱ 对称性联盟，外部威胁水平低且对称	联盟内：相互支持有限，相互承诺模糊 联盟外：较为软弱的强制		好的结果： 增加与盟友讨价还价能力 坏的结果： 1. 增加了相互推诿的可能性 2. 损失了忠诚的声誉 3. 提高了对手不服从的可能	好的结果： 没有严重激化紧张局势，保留妥协的可能 坏的结果： 1. 对手不服从 2. 损害了决心	不服从
		联盟内：合理安排强制成本和风险的分摊 联盟外：较为有力的强制	好的结果： 避免相互推诿 坏的结果： 1. 讨价还价比较激烈，容易引起相互猜忌 2. 增加了牵连的风险 3. 提升了对方凝聚力	好的结果： 1. 对手服从 2. 显示了决心 坏的结果： 1. 刺激对手；恶化紧张局势 2. 对手对强制的可信性存疑，进一步试探联盟凝聚力	1. 不服从 2. 拉拢一方，打击另一方

续表

联盟类型	一般策略	改进策略	联盟内博弈	联盟外对手博弈	对手可能的反制策略
Ⅲ 对称性联盟，外部威胁水平不对称	联盟内：受威胁低的一方反对激化局势的行为，保持承诺的模糊性 联盟外：较为软弱的强制		好的结果： 1. 受威胁低的一方处于讨价还价的有力地位 2. 降低了牵连的风险 坏的结果： 1. 相互猜忌，损害凝聚力 2. 损失了忠诚的声誉 3. 提高了对手不服从的可能	好的结果： 没有严重激化紧张局势，保留妥协的可能 坏的结果： 1. 对手不服从 2. 损害了决心	不服从
		联盟内：受威胁高的一方向受威胁低的一方提供更多利益补偿 联盟外：较为有力的强制	好的结果： 争取到受威胁低的一方的更多支持 坏的结果： 1. 受威胁低的一方要求更多利益 2. 增加了牵连的风险 3. 提升了对方凝聚力	好的结果： 1. 对手服从 2. 显示了决心 坏的结果： 1. 刺激对手；恶化紧张局势 2. 对手对强制的可信性存疑，进一步试探联盟凝聚力	1. 不服从 2. 拉拢受威胁低的一方，打击受威胁高的另一方

续表

联盟类型	一般策略	改进策略	联盟内博弈	联盟外对手博弈	对手可能的反制策略
Ⅳ 非对称性联盟，外部威胁水平高且对称	联盟内：支持、提高承诺水平；联盟外：有力的强制		好的结果： 1. 降低弱国被抛弃的恐惧 2. 提高了忠于盟友的声誉 坏的结果： 1. 增加了强国被牵连的恐惧 2. 提升了对方凝聚力	好的结果： 1. 对手服从 2. 显示了决心 坏的结果： 刺激对手；恶化紧张局势；引起不安全感的上升螺旋	降低对强国的威胁，增加对弱国的威胁
		联盟内：强国对弱国战略上支持或者安抚，策略上束缚；有条件的承诺联盟外：有力的强制	好的结果： 1. 降低弱国被抛弃的恐惧 2. 降低强国被牵连的恐惧 坏的结果： 1. 战略支持与策略束缚在效果上易相互抵消，实施难度大 2. 提升了对方凝聚力	好的结果： 1. 对手服从 2. 显示了决心 坏的结果： 刺激对手；恶化紧张局势；引起不安全感的上升螺旋	降低对强国的威胁，增加对弱国的威胁

续表

联盟类型	一般策略	改进策略	联盟内博弈	联盟外对手博弈	对手可能的反制策略
V 非对称性联盟，外部威胁水平低且对称	联盟内：相互支持有限，相互承诺模糊 联盟外：较为软弱的强制		好的结果： 增加与盟友讨价还价能力 坏的结果： 1. 增加了弱国“搭便车”的可能性 2. 损失了忠诚的声誉 3. 提高了对手不服从的可能	好的结果： 没有严重激化紧张局势，保留妥协的可能 坏的结果： 1. 对手不服从 2. 损害了决心	不服从
		联盟内：强国承担更多对抗敌人的责任，弱国向强国提供更多利益补偿 联盟外：较为有力的强制	好的结果： 1. 强国获得更多对抗敌人的动力，避免弱国“搭便车” 2. 减轻弱国被抛弃的恐惧 坏的结果： 1. 讨价还价比较激烈，容易引起相互猜忌 2. 增加了强国被牵连的风险 3. 提升了对方凝聚力	好的结果： 1. 对手服从 2. 显示了决心 坏的结果： 1. 刺激对手；恶化紧张局势 2. 对手对强制的可信性存疑，进一步试探联盟凝聚力	与大国妥协，损害小国利益

续表

联盟类型	一般策略	改进策略	联盟内博弈	联盟外对手博弈	对手可能的反制策略
Ⅵ 非对称性联盟，强国受威胁水平高，弱国受威胁水平低	联盟内：强国向弱国提供更多的支持和利益，提高承诺水平； 联盟外：有力的强制	同一般策略	好的结果： 1. 减轻弱国被抛弃的恐惧 2. 提高了忠于盟友的声誉 坏的结果： 1. 影响大国讨价还价能力 2. 提升了对方凝聚力	好的结果： 1. 对手服从 2. 显示了决心 坏的结果： 刺激对手；恶化紧张局势；引起不安全感的上升螺旋	利诱弱国
Ⅶ 非对称性联盟，强国受威胁水平低，弱国受威胁水平高	联盟内：强国对弱国支持有限，承诺模糊 联盟外：较为软弱的强制		好的结果： 减轻强国被牵连的恐惧 坏的结果： 1. 增加弱国被抛弃的恐惧 2. 损失了忠诚的声誉 3. 提高了对手不服从的可能	好的结果： 没有严重激化紧张局势，保留妥协的可能 坏的结果： 1. 对手不服从 2. 损害了决心	不服从
		联盟内：强国对弱国战略上安抚，策略上束缚；模糊的承诺 联盟外：较为有力的强制	好的结果： 1. 减轻强国被牵连的恐惧 2. 减轻弱国被抛弃的恐惧 坏的结果： 1. 战略支持与策略束缚在效果上易相互抵消，实施难度大 2. 提升了对方凝聚力	好的结果： 1. 对手服从 2. 显示了决心 坏的结果： 1. 刺激对手；恶化紧张局势；引起不安全感的上升螺旋 2. 对手对强制的可信性存疑，进一步试探联盟凝聚力	进一步恶化局势或战争边缘政策

笔者自制

联盟理想型Ⅱ（对称性联盟，外部威胁水平低且对称）：这一联盟的主要问题是盟员之间转嫁成本与风险的动力比较高，同时由于盟员实力接近，彼此之间的牵制会比较困难，因此成员之间就强制的目标、策略和手段等，往往难以达成一致，容易“走一步看一步”，强制措施不连贯，一种相互妥协的较为软弱的强制方案更容易获得盟员的通过，因为谁都不愿意承担主要的风险。这样的方案损害了强制的可信性，对手往往不容易服从。作为改进策略，盟员之间如果能够就强制的风险和成本达成合理的分摊，避免相互的推诿，则有可能形成一个比较有力的强制方案。这样的好处显而易见，但是盟员之间讨价还价可能比较激烈，容易引起相互之间的不满和猜忌。这样的猜忌如果被对手察觉，其可以通过拉拢一方、打击另一方的反制措施进行试探，测试一下联盟的凝聚力。

联盟理想型Ⅲ（对称性联盟，外部威胁水平不对称）：这种联盟受困于外部威胁水平不对称引起的战略选择的不一致，受威胁高的一方希望“捆绑”，受威胁低的一方想办法“推诿”。这种情况下，受威胁高的一方希望采用的比较强硬的强制方案往往会遭到另一方的抵制，因为另一方不愿为了别人“火中取栗”。如果受威胁高的一方能够向盟友提供更多的利益补偿，那么联盟的凝聚力水平能够得到改进。但是如果盟友以此作为要挟，企图获取更多的利益，将会加深双方之间的愤恨。尤其是当对手以拉拢受威胁低的一方，而打击受威胁高的一方作为反制策略的时候，容易给联盟造成较大的内部问题。

联盟理想型Ⅳ（非对称性联盟，外部威胁水平高且对称）：这种联盟的凝聚力比较高，强国有强烈的动机领导弱国制服对手，也愿意为强制付出成本和承担风险。主要的隐忧在于，强国害怕对弱国的有力支持造成其不负责任的冒险行为，更要避免弱国把强国“拖下水”，利用强国为自己攫取利益。因此，强国可能通过承诺的运用，既在战略上对弱国保持支持或者安抚，又为弱国划定“红线”，从策略上加以束缚。从理论上讲，这一策略具有很大的优势，既能避免强国“被牵连”的恐惧，又能避免弱国“被抛弃”的恐惧，但是在实践中，战略安抚和策略束缚的效果容易相互抵消，实施难度比较大。① 如果对手缓和与强国的冲突，而把攻击的对象主要放在弱国身上，将联盟理想型Ⅳ转换成联盟理想型Ⅶ，加大强国的离心力，联盟的凝聚力可能遭到破坏。

联盟理想型Ⅴ（非对称性联盟，外部威胁水平低且对称）：如前所述，这种联盟的凝聚力处于摇摆状态。如果强国领导弱国对抗外部威胁的意愿不足，联盟可能难以实施有效的强制，对手不服从的意愿将更为强烈。但是强国有强国的责任，如果强国能够主动或者被动（因为弱国难以承担对抗对手的责任）承担起领导的责任，或者弱国为了避免“被抛弃”，给予强国利益补偿换取强国的安全保护，那么联盟凝聚力能够有效改善。但是对手可能提出以牺牲弱国利益为代价，与强国达成妥协。

联盟理想型Ⅵ（非对称性联盟，强国受威胁水平高，弱国受威胁水平低）：这也是一种凝聚力水平比较理想的联盟。强国制服对手的动机强烈，同时，弱国在与对手的冲突中可能处于比较边缘的角色，给强国惹麻烦的可能性相对较小。强国会动用自己的实力把弱国紧紧团结起来，避免弱国被对手利诱，给强国带来实力损失和观众成本。与此相对应，对手则可能通过利诱弱国的

① 节大磊：“约束盟国的逻辑与困境”，载《世界经济与政治》，2016 年第 3 期，第 74—94 页。

策略分化对手联盟。

联盟理想型Ⅶ（非对称性联盟，强国受威胁水平低，弱国受威胁水平高）：在这一联盟中，弱国有着强烈的影响强国政策的意愿，因为它对强国是否肯为了弱国而“出头”有着强烈的疑虑，甚至有可能故意采取冒险行为从而“绑架”强国。由此，强国对弱国的戒备之心比较强烈，可能故意模糊对弱国的安全承诺，从而限制弱国的政策，从而引起弱国“被抛弃”和强国“被牵连”恐惧的螺旋式上升。作为改进，强国可能采用战略安抚和策略束缚的方式，但是正如前面说过的，两者效果容易相互抵消，实施难度比较大。如果对手进一步激化与弱国的冲突，甚至对弱国采取战争边缘政策，弱国的不安全感将进一步上升。

至此，本书关于联盟政治的分析，尤其是联盟凝聚力模型的建构已经全部完成。接下来，本书将把本章构建的分析框架，运用到强制外交战略的具体运作当中，从而完成本书的理论建构。但是在这之前，还需要对强制外交的理论进行分析和借鉴。

第二章

强制外交：概念与理论辨析

第一节　概念界定

在国际政治互动中，一方可以通过武力威胁达到两种类型的目的：一是威胁对方不要采取某种己方不希望的行动；二是威胁对方必须采取某种己方所希望的行动。在理论研究上，20 世纪 60 年代，美国哈佛大学教授托马斯·谢林在其《冲突的战略》和《军备与影响》两本著作中将这两种类型的威胁加以区分。前者就是西方战略研究界熟知的“威慑”战略，而后者，谢林将其称之为“威逼”。①

20 世纪 70 年代，美国斯坦福大学教授亚历山大·乔治等人

---

① Thomas Schelling, *The Strategy of Conflict*, Cambridge, MA: Harvard University Press, 1960, p. 195; Thomas Schelling, *Arms and Influence* (New Haven, Conn: Yale University Press, 1966), pp. 69 – 91. 关于“compellence”一词的翻译，国内学术界尚未取得一致，有译为“威逼”“胁迫”“强迫”“强制”等，笔者借鉴钱春泰的观点，将其译为“威逼”。参见钱春泰:“武力威胁与对外政策：强制外交研究”，南京大学博士论文，2004 年，第 10 页；钱春泰：“美国与强制外交理论”，载《美国研究》，2006 年第 3 期，第 50 页。

共同撰写了《强制外交的限度：老挝、古巴和越南》（*The Limits of Coercive Diplomacy*：*Laos*，*Cuba*，*Vietnam*）一书，使用了“强制外交”一词来代替谢林的“威逼”。1991 年，乔治出版了《强有力的说服：替代战争的强制外交》（*Forceful Persuasion*：*Coercive Diplomacy as an Alternative to War*）。1994 年，乔治等人在吸收最新研究成果的基础上，出版了《强制外交的限度（第二版）》。[①] 通过以上三本著作，乔治基本上界定了强制外交的概念，分析了强制外交的特征、变体、长处、局限性等，并结合实证研究总结了影响强制外交的变量。

乔治提出的“强制外交”概念和理论，得到了学界的普遍接受。“强制外交”成为国际政治学者分析战略性互动问题的重要概念和理论之一。但是，对于“强制外交”概念的界定，学界仍持有不同意见，这一概念的内涵和外延仍存在争议，主要表现在两个方面。[②]

一是术语使用上的混乱。如前所述，谢林创造了“威逼”一词，将“武力威胁对方做某事”的“威逼”与“武力威胁对方不要做某事”的“威慑”加以区分。尽管接受了谢林对两大类武力威胁的划分，但是乔治认为谢林的“威逼”概念不能很好地区分第一类武力威胁的攻防性质。乔治认为，第一类武力威胁的

---

① Alexander L. George et al.，*The Limits of Coercive Diplomacy 1st edn.*，Boston：Little，Brown，1971；Alexander L. George，*Forceful Persuasion*：*Coercive Diplomacy as an Alternative to War*，Washington：Institute of Peace Press，1991；Alexander L. George and William E. Simons eds.，*The Limits of Coercive Diplomacy 2nd edn.*，Boulder，Colo：Westview Press，1994.

② 详见笔者硕士学位论文，李杉：“国家联合体的强制外交：联合体内部动力学角度的分析”，上海外国语大学硕士学位论文，2009 年。

进攻性使用是“讹诈”，它的防御性使用是“强制外交”。[①] 但是，在实际使用中，学界并未普遍接受“威逼”与“强制外交”在内涵上的差别，相反，两者在更多情况下被认为是同一概念，经常混同使用。

还有不少学者并不认可谢林和乔治对武力威胁如此细致的划分，而试图从更广的意义上研究威胁。劳伦斯·弗里德曼提出了“战略强制”这一术语，试图从更广的意义上总称所有基于威胁的战略，包括威慑、强制外交、讹诈等。他将“战略强制”定义为“有目的性地公开地使用威胁来影响对方的战略选择”。他认为强制行为并不必然是进攻性或者防御性的，也并不非要以武力为手段。弗里德曼还试图扩大“强制”战略实施的主体，认为不能仅仅局限于主权国家，尤其是美国的强制实践，而将次国家行为体和跨国家行为体都包括在内。[②]

美国学者罗伯特·佩普（Robert A. Pape）则使用了“强制”（Coercion）来总括对威胁的研究。他认为“强制”是通过改变代价与收益的计算来说服对手停止一个正在进行的行为或开始一个新的行为。[③] 还有的美国学者如布兰德福·迪斯马克斯（Brandford Dismukes）、詹姆斯·麦康奈尔（James McConnell）、丹尼尔·拜曼（Daniel Byman）、埃里克·拉尔森（Eric Larson）等使用“强制”一词既来指称威慑，又来指称威逼，并没有加以

---

① Alexander L. George and William E. Simons eds., *The Limits of Coercive Diplomacy 2nd edn.*, pp. 7 – 10.

② Lawrence Freeman ed., *Strategic Coercion*, p. 3.

③ Robert A. Pape, *Bombing to Win: Air Power and Coercion in War*, Ithaca, NY: Cornell University Press, 1996, p. 12.

区分。[①]

二是概念界定上的争议。对强制外交称呼上的混乱反映了学者们对这一概念的内涵存在争议，主要有以下两个方面。

首先是对威胁攻防性质的争议。尽管乔治坚持威胁的防御性使用才是强制外交，然而在现实中，往往很难将两者区别开来。正如埃里克·海凌（Eric Herring）所指出的，在对强制外交攻防性质做出判断时，乔治混淆了动机（进攻、侵略、防御）与目标（停止某行为、消除某行为、放弃某物）。一个行为体在说服对手停止做某事、消除某个行为的背后，可能有着进攻的或者兼有进攻与防御的复杂政治动机。[②] 尤其是乔治所定义的 C 类型的强制外交，即“要求对方在政府或政权方面做出改变”[③] 的强制外交很难被认为是防御性的。弗里德曼也认为，“坚持强制外交是防御性的，在实践中站不住脚，从理论分析的角度看也毫无用处”。[④]

其次是对“有限武力”使用的界定。乔治认为强制外交是指“运用威胁或有限的武力来说服对手放弃或取消某个侵犯行为”。[⑤] 所谓有限武力是指有限军事行动的惩戒性或象征性地运用，以帮助说服敌手退却。他特别指出，此处“惩戒性”（Ex-

---

① Brandford Dismukes & James McConnell eds., *Soviet Naval Diplomacy*, New York: The Pergamon Press, 1979, Preface; Daniel Byman, Matthew Waxman and Eric Larson, *Air Power as A Coercive Instrument*, Washington D. C.: RAND, 1999, p. 10.

② Eric Herring, *Danger and Opportunity: Explaining International Crisis Outcomes*, Manchester University Press, 1995, p. 78，转引自钱春泰：“美国与强制外交理论”，载《美国研究》，2006 年第 3 期，第 51 页。

③ Alexander L. George, *Forceful Persuasion*, p. 5.

④ Lawrence Freeman ed., *Strategic Coercion*, p. 18.

⑤［美］戈登·克雷格、亚历山大·乔治著，时殷弘、周桂银、石斌译：《武力与治国方略》，商务印书馆，2004 年版，第 274 页。

emplary）一词的意思是指运用某种恰当形式的刚好足够的武力，以展示决心，并为在必要时将使用更多武力的威胁提供可信度。[①]同样持此观点的还有查尔斯·凯格利（Charles W. Kegley）、格雷戈里·雷蒙（Gregory A. Raymond）、雅各布森和弗里德曼。[②] 但雅各布森认为，乔治对有限武力的界定没有可操作性，他认为判断有限武力与全面武力的区别，不是依据实际使用武力的数量，而必须依据使用武力的目标——是向对手发出服从信号还是将服从强加给对手。有限武力的实质是向对手发出信号，对手通过对信号的解读而做出服从的决策。[③] 弗里德曼则认为应该使用同意（Consent）还是控制（Control）来区分“强制性的武力”还是“全面武力”。强制性的武力是外交的一部分，留给对方选择的权利——是服从还是抵制，这意味着强制的成功需要对方同意；而全面武力是要直接控制对方，它不给对方服从还是抵制的选择，成功并不需要对方同意，因为其目标是将服从强加给对方。[④]同样的，埃里克·海凌也认为“威逼是 A 国使用武力威胁以迫使 B 国做某事，而不是 A 国使用武力达到此目的——那是武力的进攻性使用，而不是威逼”。[⑤]

最后是威胁是否必须采用武力手段。对此，乔治的定义并不

---

① Alexander L. George and William E. Simons eds. , *The Limits of Coercive Diplomacy 2nd edn.* , p. 10.

② Charles W. Kegley and Gregory A. Raymond, *From War to Peace: Fateful Decisions in International Politics*, Bedford/St. Martin's, 2002 ; Peter Viggo Jakobsen, *Western Use of Coercive Diplomacy after the Cold War*, pp. 14 - 17.

③ Peter Viggo Jakobsen, *Western Use of Coercive Diplomacy after the Cold War*, pp. 14 - 17.

④ Lawrence Freeman ed. , *Strategic Coercion*, pp. 15 - 16, pp. 21 - 22.

⑤ Eric Herring, *Danger and Opportunity*, pp. 14 - 30, 转引自钱春泰：“武力威胁与外交政策：强制外交研究”，南京大学博士论文，2004 年，第 27—28 页。

十分清晰，在乔治所作的案例分析来看，只要有强制性威胁，即使这一威胁并不是武力的，也被认为是强制外交的典型案例，如太平洋战争之前美国对日本采取的贸易制裁和石油禁运。① 弗里德曼、约瑟夫·莱普戈德（Joseph Lepgold）、詹姆士·高（James Gow）也认为，“强制并不是一定要包括武力手段，但只要武力的目的是用来增强威胁，那强制也并不排斥武力手段的使用”，“尽管强制经常采用武力手段，但并不总是使用武力”。② 但是部分学者，如马克·阿姆斯图茨（Mark R. Amstutz）和埃里克·海凌，则把武力的威胁看成是强制外交的必要条件。③

本书认为，谢林和乔治对两类武力威胁的划分是十分必要的，阻止一方不去做某事是一回事，强迫一方去做一件它不愿意做的事则是另外一回事。威胁战略的运作，基于威胁信号的表达、传递和对方的解读，因此对方的认知，例如对方对风险的偏好、对战争的看法等，将相当程度上影响策略运作的结果。经济学中的前景理论认为，大多数人在面临获得时往往是风险规避的，在面临损失时却经常是风险偏爱的，总而言之，人们对损失比对获得更敏感。按照前景理论的预测，阻止一个人不去做某事，比强迫一个人去做某事，通常更为容易。阻止一个人不要去

---

① Scott D. Sagan, “From Deterrence to Coercion to War: The Road to Pearl Harbor”, in Alexander L. George and William E. Simons eds. , *The Limits of Coercive Diplomacy 2nd edn.* , pp. 57 – 85；［美］戈登·克雷格、亚历山大·乔治：《武力与治国方略》，商务印书馆，2004 年版，第 278—282 页。

② Lawrence Freeman ed. , *Strategic Coercion*, p. 17, p. 137, p. 277.

③ Mark R. Amstutz, *International Conflict and Cooperation: an Introduction to World Politics*, Boston: McGraw – Hill College, 1999, p. 210 – 211；李少军：《国际政治学概论》，上海人民出版社，2002 年版，第 226 页；Eric Herring, *Danger and Opportunity*, pp. 14 – 30；钱春泰：“武力威胁与外交政策：强制外交研究”，南京大学博士论文，2004 年，第 27—28 页。

做某事，通常情况下是阻止他有所得，这种情况下此人是风险规避的。而强迫一个人去做某件他不想做的事，这件事往往对此人意味着某种损失，因此他对风险的接受程度会更高。在国际政治领域，一国被他国威胁并且屈服，除了直接的损失之外，在国际和国内层面可能还会面临政权稳定性、政权声誉等方面的双重损失，在此情况下，决策者往往更容易承受较大的风险。因此，将威慑与强制外交进行区分研究，有助于学者认识两种战略运作机制的不同，使研究更为深入和精细化。

综合以上的分析，笔者认为，强制外交战略包含了以下的必要条件：（1）这一战略有两大假设：一是双方是理性行为体的假设，双方都从损失与收益的比例关系思考战略决策；在假定双方都是理性的同时，该战略还承认认知性因素的重要影响，威胁信号的可信性、紧迫感和准确性，以及双方的风险偏好、对对方的固有意象等，都会对决策者造成重要影响。（2）这一战略是基于威胁的战略，威胁是这一战略的根本手段，武力威胁是这一战略的常用手段。（3）这一战略的目的是要对方做不愿做的事情。（4）这一战略的运作是双方互动博弈的过程，最后战略成功与否需要双方的妥协同意，而不是通过武力将服从强加给对方。只要满足以上必要条件，本书认为可以从更广义上来理解强制外交。在行为体性质上，国家、跨国家行为体和次国家行为体都可以是强制外交的行为体；在威胁手段上，政治、经济、军事等都是强制外交充分而非必要的手段，只要是在增强己方威胁的同时仍然给予对手选择结果的权利，那么有限武力的运用完全可以是强制外交的手段；威胁的性质是可攻可防或者攻防兼备。因此，本书将强制外交定义为：一方运用威胁或有限的武力来影响对手的决策，迫使其同意做本来不愿意做的事情。

本书的研究将局限在联盟如何运用威胁或有限的武力来影响对手的决策，迫使其同意做本来不愿意做的事情。鉴于“强制外交”这一术语可以提醒决策者们，这一战略并不是只有武力与威胁，它“比威慑战略更有其信号传递、讨价还价和谈判等重要方面”,[①] 另外，相对于威逼，“强制外交”被认为是学者们所更加熟悉的术语,[②] 因此本书也将采用这一术语。

按照亚历山大·乔治的总结，强制外交战略根据其实现目的的区别，可以划分为三个类型：A 类型是说服对方不再从事某行为；B 类型是说服对方消除某个已经完成的行为；C 类型是说服对方对政府或者政权做出改变。[③] 由于乔治坚持认为强制外交的防御属性，所以在他的类型划分中，没有包括威胁的进攻性使用。按照本书的定义，可以将 C 类型定义为“说服对方从事某种行为”，不管这种行为是对政府的构成做出改变，还是对政权性质做出改变，或者是其他行为，C 类型代表了对威胁的进攻性使用策略。

第二节　运作模式

乔治定义的强制外交是防御性的，即强制外交行为的发生，是强制方基于被强制方的某种行为、声明或者政策的反应。从逻辑关系来看，被强制方的行为发生在前，强制方针对性的强制要

---

① ［美］戈登·克雷格、亚历山大·乔治：《武力与治国方略》，商务印书馆，2004 年版，第 274 页。

② Robert S. Ross, “The 1995 –96 Taiwan Strait Confrontation”, p. 88.

③ Alexander L. George and William E. Simons eds. , *The Limits of Coercive Diplomacy* 2nd *edn.* , p. 9.

求发生在后。事出无因的强制被乔治认为是讹诈。如前所述，本书倾向于从更为广义的角度来理解强制行为，这不单单是因为在实践中对强制行为攻防性质的判断往往困难并且并无必要，更在于实践中强制外交的发生往往是复杂的因果关系链条的嵌套。强制威胁可以是强制方针对被强制方某种实际威胁的反应，也可能是对被强制方某种潜在威胁的预防性行为，某些情况下，强制方的目的可能是试探对方的决心。

从这一起点出发，本书大致可以将强制外交的运作过程抽象为四个阶段：

第一阶段：强制方的决策。强制方在向对手发出强制要求之前，需就己方的目标、手段、步骤和应对措施等做出决策，大概需要回答四个问题：（1）向对手提出怎样的要求；（2）是否以及如何给对手造成必须服从要求的紧迫感；（3）如果对手不服从，是否要威胁给予惩罚以及给予怎样的惩罚；（4）是否提供一定的“胡萝卜”来诱使对手接受要求。①

乔治认为，决策者想要提高强制外交成功的可能性，必须精心设计策略，提出明确的强制要求，给对手造成紧迫感和压力感，并且可以向对手提供“胡萝卜”进行利诱。在实际决策中，决策者往往面临比理论假设复杂得多的环境制约，强制的目的、盟友的因素、国内的政治环境、强制方的实力和决策者的个人因素都会对决策的过程造成影响。强制方一开始可能没有办法将四个问题想清楚，他的强制要求和威胁手段可能是一步步提出，并不断进行调整，甚至，强制方根本不希望暴露真实意图，故意保持政策的模糊性。在本书例举的第二次摩洛哥危机中，德国不仅

① Alexander L. George, *Forceful Persuasion*, p. 7; Alexander L. George and William E. Simons eds., *The Limits of Coercive Diplomacy* 2nd *edn.*, p. 16.

不提出明确的强制要求，反而是故意隐瞒真实的目的。究其原因，强制方德国“谜一般”的表现的目的是为了保持主动，进而最大限度地从法国手中攫取利益。

第二阶段：发出要求和威胁。根据决策，向对手提出己方的要求，并威胁如果对手不在一定的时间期限之内服从的话，就将面临惩罚。己方可以通过武力的警告、调动以及展示来强化信息传递的效果。

这一阶段的核心是威胁的表达。威胁通过怎样的手段和渠道让对手接收到，并且让对手相信己方兑现威胁的能力和意图。从乔治的分析看，他主要关注了三方面的运作要点。一是有限武力的运用，廉价的威胁往往是无力的；二是时间上的紧迫感，通过设置时间期限给对手造成压力；三是表明若对手服从不会提出进一步的要求。

肯尼斯·舒尔兹（Kenneth A. Schultz）进一步发现，强制方保持威胁一致性的重要性。[①] 在联盟情境下，联盟作为强制方将面临更多的挑战。一个强制国的决策者会发现，在这一阶段的实施中将面临国内、盟友和对手三层博弈的困境。决策者不仅要争取国内政治派别和民众的支持，还需要协调与盟友的政策，维护联盟凝聚力，这对联盟协调政策的一致性提出了挑战。

第三阶段：对手的反应。对手可能有四种反应：（1）完全服从，这样己方的强制成功。（2）提出谈判。（3）拒绝要求，甚至提出反要求。第二、三种情况强制外交的结果有待进一步发展。（4）对手发动先发制人的武力打击，强制外交失败。

乔治认为，“强制外交”这个术语就是要提醒决策者，注重

① Kenneth A. Schultz, *Democracy and Coercive Diplomacy*, Cambridge: Cambridge University Press, 2001.

武力威胁的同时也要注重外交接触。这一过程中，保持与对手的接触和沟通，避免互相发生误判十分重要。武力强制应该是清晰、有力的，保证其可信性，但是具体的策略处理要保持灵活。这一阶段，对手可能采取缓和的姿态，通过谈判寻求解决问题的方法；也可能表面上绝不让步，但策略上尽量避免激化局势，从而寻求"体面地"结束危机的可能；也可能进一步将危机激化，采用战争边缘策略，将双方拖入比胆游戏的状态，测试强制方的决心和底线。如果是联盟作为强制一方，则为对手采用"楔子战略"提供了空间，通过拉拢联盟内成员，或通过战争边缘策略引起盟友之间"被牵连"的担忧，可能造成联盟凝聚力的下降。

第四阶段：强制方的反应。强制方可能有三种反应：（1）完全拒绝并兑现武力威胁，强制外交完全失败；（2）部分满足对手的要求，双方达成妥协，则强制外交部分成功；（3）调整决策，增大或减小要求的范围和/或升级或降低威胁的程度，则强制的运作回到第一阶段。

应该指出，这四个阶段仅仅是逻辑上理想的模型，强制与反强制的较量和讨价还价经常要经过几个回合的交叉和反复运行。对于不同的强制外交变体，其复杂程度也并不一样。

针对运作特点的不同，乔治归纳了四种运作模式，并称之为强制外交的变体（Variant）："典型的最后通牒"（Classic Ultimatum）、"默示的最后通牒"（Tacit Ultimatum）、"逐渐拧紧螺丝"（Gradual Turning of the Screw）和"走一步看一步"（Try and See）。①

"典型的最后通牒"是最典型也最严格的强制外交运作模式，它明确提出要求、设定时间期限和强有力的惩罚，对手拒绝则表

① Alexander L. George and William E. Simons eds., *The Limits of Coercive Diplomacy 2nd edn.*, p. 18.

明强制外交失败，服从则表明成功。它往往是单回合的，仅仅包括运作的前三个阶段。

“默示的最后通牒”尽管没有设定时间期限和威胁惩罚，但是已经默示了时间上的紧迫和后果的严重，模式与“典型的最后通牒”相同。

“逐渐拧紧螺丝”的方式既不制造必须服从的紧迫感，也不表明不服从将导致的惩罚，但要让对手清楚若不服从则威胁将逐渐加强。首先可能是经济制裁，接下来可能是强化这种制裁，最后可能是使用有限的武力等。① 这个过程可以包括全部四个阶段，并可能是多回合甚至是多回合交叉的。

“走一步看一步”的方式既没有设定服从的最后期限，也不表明不服从将导致的惩罚。强制方先发布一个威胁或采取一个有限的行动，然后看看是否能够说服对手，接着才决定是否继续威胁或采取下一步行动。这是强制外交最弱的变体，它的整个过程可能比“逐渐拧紧螺丝”还要复杂。

这四种变体各有利弊。“最后通牒”最为有力，但是也最容易造成相反的后果，导致危机升级为大规模战争，因为这种方式没有为彼此妥协及保存对方脸面留下多少空间。与此相反，使用较弱的方式时危机升级的可能性较小，但却增大了失败的可能性，因为敌方可能把这种更谨慎的战略当作虚弱的信号，从而影响了威胁的可信性。② 变体的选择和运作，只能是根据现有的条件，全方位衡量会对强制外交产生影响的因素，灵活制定。

---

① Peter Viggo Jakobsen, “The Strategy of Coercive Diplomacy: Refining Existing Theory to Post – Cold War Realities,” in Lawrence Freedman ed. , *Strategic Coercion*, p. 67.

② Peter Viggo Jakobsen, “The Strategy of Coercive Diplomacy: Refining Existing Theory to Post – Cold War Realities,” in Lawrence Freedman ed. , *Strategic Coercion*, p. 67.

第三节　影响因素

亚历山大·乔治通过对多个案例的比较研究，归纳了强制外交的五个情境变量（Context Variables）和八个有利于强制外交成功的条件。①

其中五个情境变量包括：

1. 全球战略环境。乔治发现，决策者在某个地区性危机中的决策受到全球战略环境的重要影响。对对手提出的要求，往往从属于更大、更为首要的全球战略利益。向对手提出的解决危机的条款，往往有危机后与对手或者第三方关系的复杂考虑。

2. 对手挑衅的性质。一国对邻国迅速而又成功的侵略或者占领，这样的既成事实很难被强制。一国着手对某种现状进行改变，如果这种改变高度依赖外部的支持，那么"大棒加胡萝卜"政策将容易对其产生作用。如果被强制方的行为是对广泛认可的现状或者国际规范的公然违反，那么强制方的行为则享有合法性，这种合法性可以帮助强制方获得国际和国内的支持。

3. 关于战争的意象。如果双方或者单方对战争的残酷越恐惧，那么他们克制冲动、合作避免战争的动机就越强烈。

4. 单独的或者联合的强制外交。乔治认为，尽管联合可以给对手更强大的压力，并可以有更多资源的投入，但是由于国家间团结难以达成和追求目标不一致，多国家联盟比起单个国家来说可能更加难以实施强制外交。

① Alexander L. George and Simons, William E. eds. , *The Limits of Coercive Diplomacy 2nd edn.* , pp. 270 - 290.

5. 对手的孤立程度。如果对手在外交和军事上有盟友的支持，那么会使强制外交成果的难度更大。

乔治总结的八个有利于强制外交成功的条件包括：

1. 明确的目标。乔治认为，明确、前后一致的目标能够帮助强制方确定具体的强制方法，并且能够增加强制的力度。

2. 动机的强度。对冲突涉及利益大小的认知、动机的强烈程度，影响着强制方是否能够接受强制的风险和成本，坚定不移地实施强制策略。

3. 动机的非对称性。如果强制方比被强制方获胜的动机更加强烈，那么更为有利于强制的成功。因此，某些情况下，强制方可以采用两种方法降低被强制方的动机：一是强制的要求仅仅在于保护自身的核心利益，而不对对手的核心利益提出要求；二是通过提供“胡萝卜”，降低对方抵抗的决心。

4. 造成紧迫感。这一变量也在于影响对手的认知，“典型的最后通牒”和“默示的最后通牒”能够更为有力地制造这种紧迫感，而“走一步看一步”“逐渐拧紧螺丝”则难以对对手造成紧迫感的压力。

5. 强有力的领导。乔治发现，不仅强制方的有力领导有利于强制外交的成功，在某些情况下，被强制方的有力领导也对强制的成功产生积极作用。因为强制外交的运作有赖于对手之间对政治和军事反应的正确解读，被强制方对其外交人员和军事力量的控制成为这一过程的重要影响因素。

6. 足够的国内和国际支持。乔治发现，尽管一般来说，强制性战略的运用需要国际和国内的一定政治、外交、军事等支持，但是，这一因素在不同案例当中所起作用的大小差异很大。

7. 冲突升级的后果难以接受。如果强制方能够在一开始就让对方相信，如果不满足要求，强制方可以将危机升级到被强制方更难以接受的程度，那么强制更容易成功。

8. 危机解决方案条款的清晰程度。乔治认为，仅仅做到强制目标和要求的清晰可能还是不够的，在一些情况下，双方有必要形成解决危机的具体方案，就方案的具体实施和执行做出清晰的规定。

乔治认为，强制外交要求灵活性，这一战略对情境高度依赖，在某些情境下成功运作的具体策略，在另外一种情境下可能面临失败。另外，乔治甚至认为，即使是八个有利于强制外交成果的条件，它们既非充分条件，也非必要条件。[①] 因此，强制外交的成功，有赖于根据具体的条件和要素，选择相应的运作模式，并且辅之以操作的技巧。[②]

乔治归纳总结的强制外交的影响因素，为决策者提供了丰富的信息，也像是为决策者提供的一份“问题清单”。正因为如此，一些学者认为乔治研究成果的理论性不够、操作性不强，对各项因素重要性解释过度，实际影响了研究者和决策者对强制外交作用机制的认识，难以用来进行深入的理论研究。并且，乔治对情境变量和有利于强制成功条件之间的区分值得推敲，部分影响因素之间存在着交叉重叠。因此，一些学者从各自研究角度出发，提出了各自关于强制外交影响因素的分析框架。[③]

---

① Alexander L. George and Simons, William E. eds. , *The Limits of Coercive Diplomacy 2nd edn.* , p. 279.

② Alexander L. George and Simons, William E. eds. , *The Limits of Coercive Diplomacy 2nd edn.* , p. 291.

③ Peter Viggo Jakobsen, *Western Use of Coercive Diplomacy after the Cold War*, pp. 25 –49; Stephen J. Cimbala, *Military Persuasion: Deterrence and Provocation in Crisis and War*, Pennsylvania: The Pennsylvania State University Press, 1994, p. 235; Gary Schaub, “Compellence: Resuscitating the Concept”, pp. 58 –59.

彼特·维果·雅各布森在综合谢林和乔治的研究成果基础上，提出了强制外交获得成果的“理想模型”（Ideal Policy），认为只要满足了以下四个条件，强制外交将会有很高的成功可能性：

（1）基于必要实力的武力威胁，向对手表明能够以很小的代价快速打败对手或者挫败对手目的；

（2）制定服从的最后期限；

（3）保证未来不对对手提出进一步要求；

（4）对手若是服从，将提供“胡萝卜”。

但是，雅各布森为了增强“理想模型”的解释能力，对研究范围进行了界定，他认为，该模型只能用来解释迫使侵略者停止或者消除侵略行为的案例，而非像乔治一样，从一般意义上来解释强制外交战略。另外，雅各布森采用了理论推导加案例证明的研究方法，来证明“理想模型”的解释力。然而，如果没有统计学意义上的证明，“理想模型”恐怕并没有那么“理想”，可以找出多少个支持该模型的案例，同样就可以找到多少个该模型难以解释的案例。尽管如此，这一研究方法还是让学者们更进一步认识到某些因素对强制外交结果可能具有更加重要的影响。

如果说乔治的研究开出了策略清单，雅各布森进一步说明了哪些策略效果更加显著，那么，对决策者来说仅有这些结论恐怕还是不够的。乔治一直强调，强制外交战略是高度灵活、高度情境依赖的，有赖于根据具体的条件和要素采用相应的操作。但是，乔治却没有说明，这些条件和要素发生作用的机制是什么，它们为什么以及怎样产生作用。没有对作用机制的了解，决策者在选择具体策略组合的时候就失去了指导。因此，本书试图就强制外交的作用机制做出理论解释。

第四节　作用机制

本书假定，在国际体系层面上，国家之间博弈能力由三个维度构成：国家能力（Capability）、国家利益（Interest）和国家决心（Resolve），这三个维度与联盟内部国家博弈能力的三个维度相对应，即国家能力在联盟内部体现为国家的依赖性，国家能力越强大、全面、均衡，则依赖性越低；同样，不论在哪个层面，国家在博弈中涉及的利益越大、越重要，则博弈能力越强；三是国家决心，国家决心既体现为对盟友的承诺水平，也体现为向对手兑现威胁的承诺。

本书认为，强制外交是国家间博弈的一种战略。这一战略基于威胁来发生作用，战略的核心是向对手传递有力、可信的威胁，从而影响对手的意愿和激励结构，达到迫使对手服从的目的。由此可见，强制过程的核心是威胁信号的表达、传递和解读，这一信号是在向对手传递强制方由国家能力、国家利益和国家决心三部分构成的关系表达，并期望被强制方能够通过对信号的解读得到两方面的信息：一是威胁的有力性，即这一威胁可以显著改变对手对于不服从行为的收益/成本比的权衡；二是威胁的可信性，即这一威胁不能被对手认为是在虚张声势，而是要使对方清晰地认识到，不服从行为将必然导致其难以接受的后果。如果我们对强制外交的作用机制做出以上的理解，那么通过引入信号理论的研究视角，可以对这一作用机制进行更为深入的分析。本书将在下一章对此进行展开。

第三章
联盟政治与强制外交：一种基于信号的分析

第一节　信号与标志

罗伯特·杰维斯从国际关系领域给出了对“信号”和“标志”（Signals and Indices）的界定，他认为，信号和标志是一方向另一方投射某种意象的两种行为。它们之所以产生作用，是因为人类相信行动是行为体意图的有效指示器。信号是“声明或行动，其含义通过各行为体之间心照不宣的或明确的理解而建立起来”。[①] 信号包括外交照会、军事行动、延续或断绝外交关系，甚至是谈判桌的形状。信号认知者和发射者认识到骗子和诚实的行为体都可以很容易地发信号。发出欺骗性信号的成本不会立即显现出来，而是在它被识别出来后才显现出来。信号可以被认为是银行的期票，而且并不内含可信性。在缺乏某种强制执行系统的情况下，它们并不能提供证据证明行为体会按照信号行事。信号不改变行为体的能力，因此不能直接影响各行为体之间的权利

① ［美］罗伯特·杰维斯著，徐进译：《信号与欺骗：国际关系中的形象逻辑》，中央编译出版社，2017 年版，第 13 页。

分配，它们也不能直接影响信号发出者和认知者的重要利益。①

与信号相反的是，标志是携带某种内在证据的声明或行动，以表明所投射的意象是正确的，因为它们被认为与行为体的能力或意图密不可分。认知者相信构成某个标志的行为可以表示影响或预测行为体未来行为的维度和特征，而且这个行为还超出了行为体投射误导性信号的控制能力。标志包括认知者偷听或截听到的私密信息，可以泄露重要信息的行为模式，以及带有高昂成本的重要行动。②

第二节　强制信号的拟制、传递、解读和反馈

基于信号生成、传播和接收的逻辑推理，本书提出一个意象投射过程的模型。本书将意象投射分为信号拟制、信号传递、信号解读、信号反馈四个逻辑上的分析过程，并结合强制外交战略，对这一过程做详细分析。

一、信号拟制

在强制外交战略中，从最理想的假设出发，强制方应该试图通过威胁信号向对手投射这样一个意象，即如果不服从，强制方

---

① ［美］罗伯特·杰维斯著，徐进译：《信号与欺骗：国际关系中的形象逻辑》，中央编译出版社，2017 年版，第 15 页。

② ［美］罗伯特·杰维斯著，徐进译：《信号与欺骗：国际关系中的形象逻辑》，中央编译出版社，2017 年版，第 14 页。

将以很小的代价迅速让被强制方承受难以接受的损失。从这个意象出发，强制方要完成投射的第一个过程——信号拟制，即将这一意象转化为强制的手段和模式，这一过程中，强制方要充分综合能力、利益和决心三个维度，设计出能够充分表达并支持意象的强制信号。信号拟制的关键在于信号的有力性和可信性。本书认为，这主要体现在四个方面。

一是信号的清晰度。理论上讲，清晰有力的信号才能准确表达强制方的意象，而含糊或模棱两可的信号，可能造成对方不解其意甚至误解，或者是不相信强制方要传达的信息。但是在实践中，强制方可能会避免发出清晰的信号，而是刻意保持信号的模糊性。首先，信号的模糊性可能反映了强制方目标的模糊性，强制方并没有一个清晰的目标，可能想采取“走一步看一步”策略，并没有办法形成一个关于强制的清晰意象。其次，信号的模糊性可能是自身实力和意愿不济的一种反应，强制方能够调动的资源、采取的行动，不足以向对方传递有力的威胁。最后，刻意保持信号的模糊性，可能是强制方的一种试探，是用来摸清对手的意图和底线的一种手段。这时，模糊性可以为强制方提供灵活性，对强制方的能力、意图、声誉形成一种伪装和保护，从而为双方提供了讨价还价的空间。

二是信号的匹配度。即强制信号要与强制方在能力、利益和决心三个维度上的值相匹配。强制信号要与能力相匹配，没有实际能力支持的强硬信号，会被对手认为在虚张声势。强制信号要与利益和决心相匹配，用核威胁的方式来迫使对手在贸易问题上做出让步，对手当然会怀疑强制方兑现威胁的可能性。

三是信号的强度。一般情况下，信号的强度与信号的投入成本成正比，高成本的行动威胁要比低成本的声明强度更大、可信度更高。强制方为威胁信号投入的成本，显示了其为了达到目的具有的决心和可以承受的代价。另外一方面，信号强度往往是强制方自身实力的体现。在投入成本相同的情况下，实力强的国家能够传递更有力度的信号；同时，实力强的国家能够承担更高的信号成本，如果它认为有必要加大投入的话。罗伯特·杰维斯认为，如果一项行动成本太高或者太重要以至于不能用于其他目标，那么这时候这种行为就成为了标志。[①]

詹姆斯·费伦认为，为了向对手传递可信的信号，决策者有两种成本投入的方式：一是“自缚手脚”（Tying Hands），这里投入的是决策者的“观众成本”（Audience Cost），即如果采取某些行为导致决策者退缩或者让步，那么将会承受巨大的观众成本，这一成本可能是国内的政治压力，也可能是国际上盟友的压力，或者是国家声誉的损失。二是“沉没成本”（Sinking Costs），进行军事部署、增强军备、介入有限冲突等行为并不是没有成本的，它们可以被认为是决策者为了传递信号投入的沉没成本，即通过“烧钱”的方式来表示决策者对双方争议标的更加看重。[②] 布拉尼斯拉夫·斯莱契夫（Branislav Slantchev）认为，有限的军事行动可以同时具有双重性，即会使决策者产生观众成本，同时也是一种沉没成本。[③]

强制外交战略中，强硬的威胁往往会为对手设置一个最后期限，即采取“典型的最后通牒”或者是“默示的最后通牒”的

---

① ［美］罗伯特·杰维斯著，徐进译：《信号与欺骗：国际关系中的形象逻辑》，中央编译出版社，2017 年版，第 21 页。

② James D. Fearon, "Signaling Foreign Policy Interests: Tying Hands versus Sinking Costs", *The Journal of Conflict Resolution*, Vol. 41, No. 1, pp. 68 – 69.

③ Branislav Slantchev, "Military Coercion in Interstate Crises", *American Political Science Review*, Vol. 99, No. 3, 2005, p. 545.

运作模式。我们可以从信号成本的角度来理解这一手段发生作用的机制。设置最后期限，在增加对方紧迫感的同时，强制方也大大增加了自身的观众成本，除非决策者下定最后的决心，否则非常忌惮采取最后通牒的威胁方式，因为这一方式往往意味着最大限度地绑住了自己的手脚，而完全将最后的选择权交给了对方。

以上观点仅仅分析了信号成本的负向激励作用，即采用增强“大棒”力度的方式，威胁或者惩罚被强制方的不服从行为。除此之外，增加信号成本也可以采取正向激励的方法，向被强制方提供“胡萝卜”，诱使其服从。值得注意的是，提供“胡萝卜”不仅是强制方增加投入成本，同时可以降低被强制方的观众成本，避免被强制方从完全零和博弈的角度解读双方的冲突，防止被强制方因为服从而颜面尽失。

四是信号能够提供“私人信息”。我们假设，强制方和被强制方处于信息不对称的状态下，强制方拥有关于自身实力、意图和决心的“私人信息”，而被强制方只拥有关于强制方真实情况的一般信息，即“公共信息”，因此，为了避免误读，强制方可以向被强制方提供一些“私人信息”，从而更好地表明强制威胁的可信性。这种信号可以被认为是一种标志，即它自身携带内在证据证明威胁的可信性。但是，这种标志往往是强制方不能控制的行为特征，强制方可以推测，被强制方能够认识到这种标志的不可操纵性，那么可以用它来提供可信性的证明。如果被强制方认为强制方提供的“私人信息”可以被操纵，那么可信性的证明效果将会大打折扣。比如，强制方向被强制方展示一种已经建造成功的新式进攻性武器，被强制方之前并不知道强制方拥有建造该种武器的实力，而这种实力的增长又不是短期内强制方可以控制的，这种情况下，强制方就向对手提供了自己实力的标志性证明。

二、信号传递

下面来分析意象投射的第二个过程——信号传递。这一过程我们重点关注这样几个变量：信号源、传递渠道和传递中的噪音。

强制方信号的发出，可以通过单一信号源发出，也可以通过多个信号源，事实上，这仅仅是强制方可以完全垄断信息、控制信号源的理想状态。在实践中，由于国内政治的存在和盟友协调的需要，被强制方可以通过多种信号源获取信息，并进行信息比对和分析。如果某个信号源被认为不受强制方控制，但是又能够发出强制方的真实意图，从这一信号源获得的信号就成为了某种标志。

肯尼斯·舒尔兹在民主政体对强制外交影响的分析中，注意到了国内政治体制中多信号源的存在对强制外交运作的影响。① 舒尔兹认为，民主政体会对民主国家发出的威胁产生两方面的效应，即“限制效应”（Refraining Effect）和“确认效应”（Confirmatory Effect）。民主政体内部由于反对党的存在，限制政府威胁方式的选用。相对于非民主国家，民主国家在威胁方式的选择上更加谨慎，更少虚张声势，因此更不容易造成国际冲突的升级。而民主政体内部运作的公开与透明，政府与反对党在对外政策上的公开争论，有助于减少对手做决策时的信息不对称，减少对手的误判。因此，一旦民主国家内部就威胁达成一致，反对党的支持无疑确认了政府发出威胁的可信性和有效性，因此民主国

---

① Kenneth A. Schultz, *Democracy and Coercive Diplomacy*, Cambridge: Cambridge University Press, 2001.

家发出的威胁更不容易受到对手的抵制。

舒尔兹将经济学中的“信号理论”引入了强制外交的研究，他关注到了由于“民主政体”内反对党的存在，造成了事实上政府和反对党两个“信号源”的存在，有助于减少对手做决策时的信息不对称，减少对手的误判，这为本课题的研究提供了重要的启发，即联盟的内部政治如何影响强制信号的发出和被对手接收。但是，正如本书后面的分析，信号理论并不能描述联盟政治与强制外交相互作用的全貌，联盟内部的动力结构和联盟间的认知都会影响“信号”作用的发挥。

在联盟实施的强制外交案例中，对信号源的控制就成为了联盟所要面对的重要挑战。本书将在下一节中对此问题进行进一步分析。

除了信号源，强制方还要选择通过什么样的渠道传递强制信号。武力威胁简单直接，但并不是全部，强制外交更固有其信号传递、讨价还价和谈判等重要方面。强制方可以通过声明、公开或私密的谈判、第三方的斡旋、媒体的口诛笔伐等各种渠道传达信号，在这个方面，强制外交充分体现了外交具有的灵活性。

保持可靠、畅通的沟通渠道对于发生冲突的双方来说十分重要，在危机发生的高压状况下，及时有效的信息传递和交流，有助于减少双方对对方的模糊性认知、避免发生严重误判。但出于策略的需要，有的时候强制方故意通过传递渠道的选择来制造信号的模糊性，例如通过第三方来传递消息，甚至故意通过被对方认为不可靠的中间人或渠道来传递消息，也可以通过一国的大使向另一国政府告知他“个人的观点”。[①] 如前所述，制造模糊性

---

① ［美］罗伯特·杰维斯著，徐进译：《信号与欺骗：国际关系中的形象逻辑》，中央编译出版社，2017 年版，第 104—106 页。

的目的往往是为了保持灵活性。

信号的交流系统难以避免噪音的存在。噪音包括所有无法给听众提供信息的声明与行动，包括许多本来给予国内听众的消息，低级官员采取的未经中央批准的行动，以及未对接收方的关切有所考虑的行为。[①] 噪声一方面可以影响双方的交流，另一方面强制方可以利用噪声来为自己提供灵活性和保护，尤其是在有噪声的环境中发送一个模糊信号的情况下。

有的时候，行为体需要对对手进行试探，如果对手反应不佳，行为体可能会希望能让对手相信它没有伸出过“探针”。这时候，借助一个有噪音的渠道发出一个模糊的信号就有了其重要作用，行为体可以根据对手的反应决定是否进一步发出明确的信号。如果试探结果不理想，行为体可以借助模糊渠道的掩护将试探说成是噪音。因为交流系统有噪音而且最初的信号就是模糊的，对方就会真的相信，或者至少无法确定这一试探是信号而非噪音。即使强制方传达的信息非常清晰以至于无法被当作噪音时，强制方仍然可以宣称它的信号被误解了，在有噪音的环境中，这一做法更为容易。

最后，在一个有噪音的环境中发出的模糊信号特别容易被扭曲，虽然模糊信号产生的灵活性使开展谈判和做出让步更加容易，但它也会促使进攻性和破坏性倡议的产生，因此它也对决策者带来了挑战。

---

① Cf. Roterta Wohlstetter, *Pearl Harbor*, Stanford: Stanford University Press, 1962, p. 3. 转引自［美］罗伯特·杰维斯著，徐进译：《信号与欺骗：国际关系中的形象逻辑》，中央编译出版社，2017 年版，第 95 页。

三、信号解读

意象投射的第三个过程是信号解读，我们将这一过程从逻辑上抽象为信号比对、意象套用两种解读方式。

由于强制方可能通过多种信号源、多种传递渠道并在噪音的遮蔽下向被强制方传递信号，因此被强制方需要对各种信号进行比对，从中推测强制方的真实目的。多种信号的比对既可能造成被强制方解读的困难，也可能为被强制方提供更多的可信信息，这种情况下，信号的来源、信号传递渠道的可靠性、信号的质量等都会成为被强制方判断的依据。如果可能，被强制方希望自己能够在众多信号当中发现强制方的某种标志，这一标志的存在可能并不被强制方所察觉，或者难以受强制方所操纵，这将成为被强制方提供信号解读的重要依据。

根据主流的决策理论，[①] 我们假定，决策者根据他们关于现实的意象进行决策，而这种意象是由决策者的认知过程，或者说是由决策者如何认识具体的决策形势决定的。[②] 肯尼斯·博尔丁认为，人类有自我认知的能力，这使得信息选择工程能建立在特定的认知结构或心理过程之上，并成为决策的基础。这种心理过程，即意象（Image），可以提供一种重构刺激信息的框架，使之

---

① Rose McDermott, *Political Psychology in International Relations*, Ann Arbor: The University of Michigan Press, 2004; Christer Jösson, ed., *Cognitive Dynamics and International Politics*, London: Frances Pinter Limited, 1982; James M. Goldgeier and Philip E. Tetlock, "Psychology and International Relations Theory", *Annual Review of Political Science*, Vol. 4, 2001, pp. 67 – 92.

② 李少丹："决策意象、意象转变与美国对华政策——以小布什政府对华政策演变为例"，载《当代亚太》，2013 年第 6 期，第 116 页。

发生根本变化。作为结果的人类行为不是对特定的刺激产生的反应，而是对一种知识结构的反应，这种知识结构能影响人们对环境产生的总体认识。①

回到强制外交战略，强制方和被强制方在战略互动中，形成了关于对方的意象，这一意象主要包括以下几方面因素。首先，决策者的性格、价值观和世界观是影响意象形成的首要因素；其次，国际环境是意象形成最重要的外部条件；再次，对对方能力、利益和决心的评估是意象的基本构成部分；最后，与对方的历史性互动为决策者提供了建构意象的实践依据。因此，被强制方对强制方发出信号的解读，只能是在其对强制方意象基础上的认知。被强制方对强制信号刺激的反应，是对强制方意象的反应，这种意象能够影响其对强制方具体言语和行为的解读。

可以说，被强制方在选择和接收强制信号时，需要套用对方意象这一分析框架来对信号进行解读，这可能造成三种后果。第一，决策者倾向于解释可得的信息以使之与现有的意象协调一致，这意味着他们经常会对与占主导地位的观念不符的行为无动于衷。即使出现大量与其意象不相符的信息，决策者仍然很难改变原来的认识，不仅如此，对于其他国家的国情和特征与这些国家对外政策意向之间的关系，决策者的意象会影响他对这些国家的认知。② 第二，对决策者来说，与对手意象相符的信号，更容易受到相信和重视。第三，信号的模糊性越大，既有信念的影响

① Kenneth E. Boulding, *The Image: Knowledge in Life and Society*, Ann Arbor: University of Michigan Press, 1956, p. 8. 转引自［美］詹姆斯·多尔蒂、小罗伯特·普法尔茨格拉夫著，阎学通、陈寒溪等译：《争议中的国际关系理论（第五版）》，世界知识出版社，2013 年版，第 120 页。

② ［美］罗伯特·杰维斯著，秦亚青译：《国际政治中的知觉与错误知觉》，上海人民出版社，2015 年版，第 150 页。

力就越大。因此，如果决策者试图投射一个与对手预期不相符的意象时，模糊的信号很难具有穿透力，很可能会被对手忽略或者扭曲。

四、信号反馈

被强制方根据对信号的解读，可以做出服从或者不服从强制的选择，从而完成对强制方信号的反馈。但实际上，被强制方的信号反馈往往没有这么简单，被强制方可能认为强制方的信号不够清晰，无法判断出强制方的真实意图；或者虽然强制信号比较清晰，但是被强制方对信号的可信性存疑；或者被强制方不愿轻易屈服，而是试探强制方容忍的底线，从而为自己争取更好的讨价还价结果；或者被强制方担心，屈服可能会导致强制方提出更多的要求等。在这些情况下，被强制方可能会采用信息甄别的策略作为反馈。

在经济学中，信息甄别（Screening）指的是拥有公共信息的一方采取行动，来揭示、获取和分析拥有私人信息一方的信息。例如，在保险市场上，保险公司可以通过设计两类不同保单将高风险客户与低风险客户甄别开来：低险金和低赔付比例的保单与高险金和高赔付比例的保单。这样，通过客户的自选过程，不同风险程度的投保人选择适合于自己的最优合同，保险公司就可以把客户的风险信息甄别出来。①

为了分析被强制方信号甄别的策略，本书首先将反馈信号分为合作信号和对抗信号两大类，两种信号的中间状态是无信号表

① ［美］斯蒂格利茨著，纪沫、陈工文、李飞跃译：《信息经济学：基本原理》，中国金融出版社，2007年版，第166—184页。

达。不过，在最后通牒的强制过程中，无信号表达不能被视为中间状态，而应该被视为无条件的对抗信号。

在合作信号当中，按照合作意愿从高到低，可以分为无条件合作、有条件合作、部分合作、区别性合作。无条件合作就是不设任何前提条件，完全服从强制方的要求。有条件合作的主要目的是服从，但是开出服从的价码，要求对手提供利益的补偿，或者是提供一种减轻观众成本的方法。在某些情况下，有条件合作也是一种以退为进的手段，通过条件的精巧设计，引起对手联盟内部的不合，从而为自己讨价还价提供更多优势。有些特殊的有条件合作，被强制方的根本目的不是服从，而是为自己争取更多的时间，以期为进一步对抗获得某种优势；或者为服从而开出对手根本不可能妥协的条件，而且被强制方也知道这一点，上述两种有条件合作就不能归在合作信号当中，而应该是对抗信号。部分合作是指被强制方服从自己能够接受的强制要求，而抵制不能接受的强制要求，这种合作主要是基于自身情况的一种选择。而区别性合作是一种消极的选择性安抚，是指有针对性地服从某个对手的强制要求，而抵制另一个对手的强制要求，从而引起对手联盟内部协调上的困难，为自己减轻被强制的压力，这种合作主要是基于对手情况的一种选择。当然，在实际情况中，完全区分部分合作和区别性合作是困难的，被强制方的行为往往有着多重目的，但是理论上的区分，有助于我们更好理解被强制方动机的复杂性。

关于对抗信号，按照对抗意愿从高到低分为无条件对抗、试探性对抗、区别性对抗和区别性安抚四种。无条件对抗包括明示的不服从、默示的不服从，如最后通牒状态下的无信号表达，无条件对抗信号表明被强制方做好了强制方兑现武力威胁的准备。

试探性对抗是指通过进一步升级冲突的办法进行反强制，从而试探对手威胁的可信性。试探性对抗可以包括战争边缘策略、“眼镜蛇”策略和比胆游戏。①

比胆游戏是指通过危机升级的方式来测试对手联盟的稳固程度。在这种情况下，双方之间谁先退却，谁就输掉了这个比赛。这种游戏的终极状态是战争边缘策略，是指刻意将局势推到战争边缘但并不真正爆发战争，进而从中获得一些战略好处。这种策略说到底就是一种威胁增量所带来的效用，同边际递减规律一样，这种效用也是递减的。因为随着威胁的增加，突破常量前提的可能性就会增加，从而对前景的不可控制性增加。② 战争边缘策略是一场危险的游戏，每一步都蕴藏着巨大的危险和转机。它的一个突出特点是制造危险性，以达到符合自己一方利益的某种转机。③

“眼镜蛇”策略的要义在于虚张声势地恐吓对手，如同眼镜蛇在面对危险时的反应。被强制方可以通过刻意夸大情势的严重程度，在心理上对对手联盟形成压迫之势。虽然被强制方非常清楚这是虚假的，但是需要将其做到逼真，让对手联盟认为这是危机的升级。

---

① 刘兰、蒋昌建提出了试探型强制外交，以及战争边缘策略、“眼镜蛇”策略和比胆游戏三种试探性强制策略。他们认为，试探型强制外交是一国发起的针对非对称性联盟的试探性强制，目的是试探对手联盟的承诺水平。本书认为，从逻辑上来说，强制外交是一个循环对抗的过程，因此试探性强制也可以是被强制方实施反强制的一部分。另外，本书的论述证明我们可以从更广意义上理解试探行为，即可以用作对对手联盟凝聚力的试探，不管对称性联盟还是非对称性联盟，都存在内部凝聚力的问题，也可以用作对威胁可信性的试探。

② 亨利·基辛格著，国际关系研究所编译室译:《选择的必要：美国外交政策的前景》，商务印书馆，1972 年版，第 214 页。转引自刘兰、蒋昌建：“联盟情境下试探型强制外交行为探析”，载《世界经济与政治》，2012 年第 6 期，第 63 页。

③ 张红、刘会宝:《肯尼迪在古巴导弹危机中的战争边缘策略》，载《中南大学学报》，2010 年第 4 期，第 36 页。转引自刘兰、蒋昌建:“联盟情境下试探型强制外交行为探析”，载《世界经济与政治》，2012 年第 6 期，第 63 页。

试探性对抗实际已靠近战争，在实践中，不少决策者已经做好了付诸战争的准备，但是通过试探性对抗做最后的尝试。

区别性对抗和区别性安抚都是一种“楔子”策略，选择性对抗主要是通过强化与主要对手的对抗，而弱化与另一个主要对手或者是与次要对手的对抗，从而引起对手联盟外部威胁的不对称，进而达到分化对手联盟的目的。选择性安抚主要是通过拉拢、利诱、安抚其中一个对手，打击另外一个对手，从而达到减轻被强制压力的目的。

从经济学信号甄别的角度分析，信号反馈可以看作是被强制方向强制方开出了一份新的“合同”，通过强制方的自选择，把强制方的“私人信息”甄别出来。

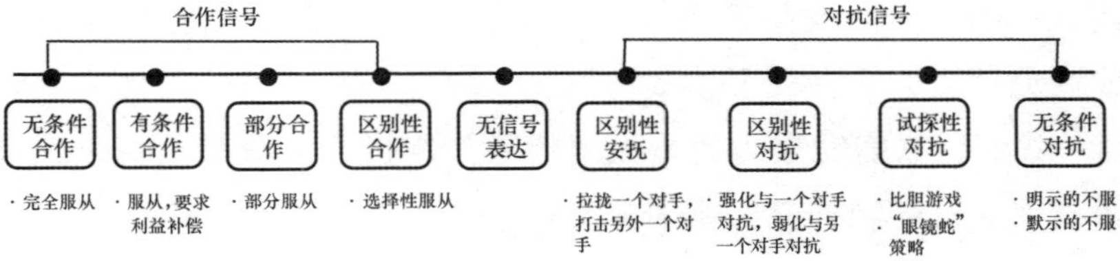

图 3—1　反馈信号的分类

笔者自制

第三节　联盟凝聚力对强制外交的影响：一种分析框架

本节的主要目的，是要将本书建构的联盟凝聚力模型与强制外交的作用机制结合起来，从而为联盟凝聚力如何影响强制外交运作提供一个解释机制和分析框架。在这之前，我们有必要先来解决强制外交中联盟凝聚力究竟如何测量这一问题。

如前所述，本书将联盟的凝聚力定义为“凝聚力是盟员之间就目标和实现目标的策略达成一致的动态的趋势”，这一行为性的定义方法提示我们，可以通过行为性的测量维度对联盟的凝聚力进行测量，即实施强制的盟友之间：（1）能否有效协调强制的目标。主要是指能够制定明确、前后一致的目标，向对手提出明确的服从要求。如果能够向对手保证未来不提出进一步的要求，则说明盟友之间就强制的目标一致性非常高。（2）能否有效协调强制的策略，给对手造成紧迫感。主要是指能够采用给对手产生较大紧迫感的强制外交变体。同样，如果能够为对手的服从规定一个最后期限，说明联盟强制策略的一致性非常高。（3）能否动用有力的威胁手段，手段与强制目标是否匹配。（4）能够避免背叛，或者私下达成协议。

我们将联盟凝聚力代入强制信号作用过程的分析，总结出联盟凝聚力对强制外交影响的分析框架。

根据本书提出的联盟凝聚力衡量标准，我们认为，如果联盟凝聚力比较高，它能够对强制信号作用的整个过程产生积极的影响。首先，在信号拟制阶段，盟员对对手威胁的认知、对受威胁利益的界定和各自的主要诉求容易协调一致，因此联盟比较容易提出清晰、明确的强制要求，并能够动用与强制要求相匹配的、有力的武力威胁。联盟往往有着连贯一致的强制方案，刻意保持强制威胁的可信性，并给予对手服从的动机，即在遭受对手反制时不轻易退缩，继续保持压力，在强制取得进展的时候，不提出更多的强制要求，以免引起对手不服从的决心。同时，为了削弱对手抵抗的动机，联盟在必要时会拿出具有诱惑力的“胡萝卜”。

表 3—1　联盟凝聚力对强制信号作用过程的影响

联盟凝聚力	强制信号作用过程			
	信号拟制	信号传递	信号解读	信号反馈
高凝聚力联盟 强制目标：明确、清晰，容易协调一致 强制策略：保持策略一致，给对手造成紧迫感 强制手段：动用有力的威胁，手段与目标相匹配 约束能力：能够相互约束，避免背叛，避免与对手私下达成协议	1. 向对手提出清晰、明确的强制要求；强制要求前后一致，不随意扩大要求的范围 2. 动用有力的武力威胁，威胁力度与强制要求有较好的匹配度 3. 给对手造成压迫感，为对手规定最后期限，或者逐渐增大压力 4. 必要时配以“胡萝卜”	1. 能够较好地控制信号源，保持信号一致性 2. 威胁手段的运用保持较好的协同性和共时性 3. 系统噪音少，及时澄清错误信号，避免模糊性 4. 动用可靠渠道传递信号	1. 信号比对一致性高，威胁可信性高 2. 威胁意象比较清晰，避免误判	可能面临各种信号反馈

续表

联盟凝聚力	强制信号作用过程			
	信号拟制	信号传递	信号解读	信号反馈
低凝聚力联盟 强制目标：模糊、不连贯，甚至没有明示的强制目标 强制策略：策略变动起伏，容易让步，难以造成紧迫感 强制手段：威胁不够有力，手段与目标不匹配 约束能力：相互约束能力差，对手反强制措施往往造成联盟内部不团结	1. 强制要求不够清晰，甚至没有明示的强制要求，整个过程变化比较大 2. 武力威胁十分克制，或者不动用武力威胁，威胁的力度与强制要求不匹配，遭受反强制措施易退缩 3. 多采用“走一步看一步”策略，难以给对手造成压迫感	1. 信号的一致性难以控制，较容易发生信号的相互抵触效应 2. 动用威胁的协同性和共时性较差，容易让对手对威胁可信性产生怀疑 3. 系统噪音大，难以控制系统噪音，或者刻意保持信号模糊性	1. 信号相互抵触，威胁可信性低 2. 信号不够清晰，被强制方容易受既有信念的影响	多面临对抗信号反馈

笔者自制

其次，在信号传递阶段，由于盟员之间冲突较少，而且保持了较好的沟通协调，因此各个盟员更容易保持信号传递的一致性。多个信号源的相互确认，更容易增强对手对威胁可信性的认知。更为重要的是，良好的协调保证了武力威胁运用的协调性和共时性。武力威胁的协调性和共时性往往能够准确暴露联盟的意图。武力威胁的运用往往意味着非常大的成本投入，不仅是军事成本的投入，更代表了盟国之间以及盟国内部巨大的政策协调成本。另外，动用武力威胁往往要承担冲突进一步激化的危险，从而表明了强制对手的决心。如果盟国之间在军事力量的部署、战术的配合上表现出团结一致的态势，更容易使对手相信对手联盟有着比较好的凝聚力和兑现威胁的决心。相反，如果一个盟国做出了武力威胁的姿态和部署，另一个盟国却没有任何的军事力量调动，甚至连基本的军事防御都没有加强，则对手可能会认为，联盟成员国对动用武力威胁存在严重分歧。另外，高凝聚力联盟更倾向于控制系统噪音，动用更为可靠的信号传递方式和渠道来准确、有力地向对方表达意图，展示强制的能力和决心，因此会刻意避免信号的模糊性，避免对手误判。

因此，在信号解读阶段，被强制方得到的信号比较清晰、一致，强制方的威胁表达比较有力，这有助于被强制方准确解读强制方的意图，从而避免误判。但是，对强制方意图的准确解读，并不意味着被强制方的服从，被强制方仍有可能会采取各种反制措施。

当联盟凝聚力比较低时，在信号拟制阶段，盟员之间由于政策和策略难以协调，讨价还价比较严重，往往难以达成连贯一致的强制方案。联盟提出的强制要求受制于各方的妥协，不够清晰、明确，甚至联盟没有向对手提出明确的强制要求，而是希望“走一步看一步”，先看看对手的反应再做决定。同时，由于武力威胁的高成本和高风险性，部分保守的盟国可能会反对采取武力威胁，避免局势激化，因此低凝聚力联盟对武力威胁的运用可能十分克制，从而影响了威胁的可信性。

在信号传递阶段，盟国之间的各种争执和疑虑，难以避免地通过各种渠道传递给被强制方。甚至会有盟国因为对盟友政策的不满，故意通过发出不同的声音或采取抵制行为等向盟友施压。盟国之间的争吵可能会回灌到国内政治领域，增加盟国国内政策协调的难度，有的盟国也可能会借助国内政治的压力来影响盟友的政策。在这种情况下，联盟较难控制各种信号的一致性，各种信号之间发生相互抵触。同时，系统内的噪音会比较大，联盟难以控制噪音或者会刻意保持信号的模糊性，以免对手察觉联盟内的不合。另外，各盟国动用威胁的协同性和共时性的能力可能会比较差，容易让对手对威胁的可信性产生怀疑。

总之，通过对各种杂乱信号的比对，被强制方可能会发现对手联盟受制于内部的凝聚力问题，兑现威胁的决心和意图并不强烈，因此更有不服从强制的动机。或者被强制方认为可以借助联盟内部的不合，通过反制措施减轻被强制的压力。与此相反，过于杂乱模糊的信号也可能影响了被强制方对强制方意图的正确解读，造成被强制方严重低估强制方的能力和决心。综合以上的分析，在这种情况下，被强制方采取对抗措施的概率会比较大。

至此为止，本书已经完成了理论建构部分，后面将通过案例的剖析，来进一步检验理论的解释力。一是要验证联盟凝聚力模型，即按照本书提出的凝聚力的测量办法，七种联盟类型的凝聚力水平假设是否能够得到案例的支持。二是要验证联盟凝聚力对强制信号作用过程的影响，即联盟凝聚力水平的高低，是否会对强制信号的可信性产生积极或者消极的影响。

第四章

海湾危机：美国领导下的反伊联盟（1990—1991）

1990年8月2日，伊拉克以闪电战的方式入侵邻国科威特，并迅速占领科全境。此时，尚未完全走出越南战争阴影的布什政府看到了由伊拉克侵略行径带来的巨大挑战及重大机遇。伊拉克公然违反国际法准则的行为，以及对海湾和中东国家造成的严重安全威胁，为美国有效组建反伊联盟、联合起来强制伊拉克从科威特撤军提供了合法性和合理性。尽管强制失败，但是萨达姆使用的各种“边缘政策”，始终没能达到分化、瓦解反伊联盟的目的，在美国的领导下，反伊联盟的凝聚力经受住了海湾危机的检验。

第一节　海湾危机爆发的背景

关于海湾危机爆发的原因，时任中国外交部部长钱其琛曾有过精辟的分析，他认为“美苏力量对比失衡”，萨达姆“地区霸权扩张”野心且“对形势估计错误”，以及美国“派兵有其长远目的"，"这一事件如果是发生在非洲某个角落，形势发展不一定如此。但在这里犯了错误，就为形势发展提供了条件，做了蠢事！"[①]

一、阿拉伯现代"萨拉丁"

萨拉丁·阿尤布·本是中世纪埃及阿尤布王朝首任苏丹，曾率领埃及军民击退第三次十字军东征，收复耶路撒冷，被阿拉伯世界视为伟大的民族英雄。集伊拉克党政军大权于一身的萨达姆，曾自诩为阿拉伯现代"萨拉丁"，梦想成为阿拉伯世界领袖，自称为"巴比伦雄鹰"。[②]

首先，萨达姆执政后，极力主张阿拉伯世界必须统一，强调伊拉克对整个阿拉伯世界的责任，他以强硬的反以色列立场、支持巴勒斯坦解放事业，赢得了阿拉伯国家群众的好感。与伊朗之间长达 8 年的两伊战争（1980—1988），体现了萨达姆为追求其政治野心而不惜穷兵黩武。两伊战争严重破坏了伊拉克经济社会发展，战争造成 20 万人死亡，伤 40 万人，被俘 5 万人；军备损失坦克 2000 多辆，火炮 1000 多门，飞机和直升机 200 多架，舰艇 20 艘；战争消耗和经济损失约 5400 亿美元。[③] 在萨达姆看来，两伊战争是伊拉克为保卫阿拉伯世界而进行的一场"圣战"，是为阿拉伯世界抵御伊朗伊斯兰革命的输出而战。

---

① 郑达庸：《三进巴格拉：中国外交官亲历海湾战争》，中共党史出版社，2015 年版，第 49 页。

② 郑达庸：《三进巴格拉：中国外交官亲历海湾战争》，中共党史出版社，2015 年版，第 145 页。

③ 郑达庸：《三进巴格拉：中国外交官亲历海湾战争》，中共党史出版社，2015 年版，第 4 页。

两伊战争的结果对萨达姆决定入侵科威特起了重要作用。首先，两伊战争两败俱伤的结果使得伊拉克试图通过打败伊朗而实现地区霸权的野心未能实现。战争结束后，尽管萨达姆在阿拉伯群众中赢得了很高的威望，但是战争惨痛的代价让萨达姆在短期内面临休养生息的重任。对外扩张的路子走不通，那么以“阿拉伯世界领袖”为目标的萨达姆，产生“以内部兼并其他阿拉伯国家”从而做大做强的念头也顺理成章。

其次，两伊战争充分暴露了伊拉克地理条件和战略位置的劣势。一是伊拉克被四个强劲对手围绕。领土东面是伊朗，北面是北约成员国土耳其，西面的叙利亚长期与伊拉克不和，更何况还有阿拉伯的死敌以色列。两伊战争打碎了萨达姆向东突围的计划，那么，改善战略地位的最佳选择就是向东南和南面发展，也就是占据险要位置的科威特。二是伊拉克的海岸线只有 59 公里多，唯一的出海水路——阿拉伯河的主权，与伊朗之间还存在争议，这也正是两伊战争中伊拉克的一大借口。伊拉克主要的经济来源——海上石油出口和海军行动被科威特的布比延岛和沃尔拜岛扼住。两伊战争中，伊拉克的主要出海口法奥港被毁，另一港口巴士拉被封锁，海上石油出口被堵住，而陆上石油管道要通过土耳其和沙特，严重受制于人，并且要支付不菲的过路费。因此，战争期间，伊拉克曾经借用科威特的两座岛屿，建立海军基地、导弹基地和石油化工设施等。①

再次，战争给伊拉克造成了经济和财政困难。伊国内失业率上升、物价上涨，外汇储备消耗殆尽，并且债台高筑，西方观察家认为，伊拉克外债规模在 800 亿—1000 亿美元之间。但是，

---

① 军事科学院军事历史研究部：《海湾战争全史》，解放军出版社，2000 年版，第 70—71 页。

在萨达姆眼里，伊拉克所欠科威特等海湾国家的贷款是伊拉克人“用鲜血换来的信贷”。[①] 1990 年 7 月 25 日，萨达姆在会见美国驻伊拉克大使格拉斯皮时曾说：“它们（阿拉伯国家）之中有些国家将这些援助[②]看作是我们对它们欠下的债。然而它们完全明白，如果没有伊拉克，它们就不会躺在自己的财富上享清福了。因为那样的话，这个地区的命运就完全不同了”。[③] 早在 7 月 16 日，伊拉克外交部长阿齐兹向阿拉伯国家联盟（以下简称“阿盟”）秘书长的致信中便指出，“伊拉克被迫献身的战争（指两伊战争）不仅仅为了捍卫它的主权，而是为了保卫阿拉伯世界东翼，保卫整个民族，特别是保卫海湾地区”，“既然伊拉克承担起捍卫阿拉伯民族安全和尊严的全部责任，就像它保卫本来可能落入外国人手中的海湾国家的财富那样。那么，即使伊拉克战败了，难道还应该不分青红皂白地把给予它的援助视为‘债务’吗？”[④]

综上所述，萨达姆谋求阿拉伯世界领袖的“抱负”在两伊战争之后面临了多方面的困难。但是，两伊战争也给萨达姆留下了宝贵的遗产——号称“世界第四大军事强国”的武装力量。有资料表明，海湾战争前，伊拉克现役部队已经扩充到 100 万人，预备役和“人民军”有 85 万人。伊拉克部队经过了 8 年两伊战争

---

① 军事科学院军事历史研究部：《海湾战争全史》，解放军出版社，2000 年版，第 53、69 页。

② 指两伊战争中科威特、沙特等国家向伊拉克提供的经济援助和贷款，笔者注。

③ ［美］皮埃尔·塞林格、［法］埃里·洛朗：《海湾战争——秘密档案》，世界知识出版社，1991 年版，第 40 页。

④ ［美］皮埃尔·塞林格、［法］埃里·洛朗：《海湾战争——秘密档案》，世界知识出版社，1991 年版，第 179—181 页。

磨练，战斗经验丰富、战斗能力强。并且，萨达姆还储备了约4.6万件化学武器，并且在秘密研发核武器。[①] 如此规模的军事力量，在中东地区可谓是首屈一指。

二、冷战结束带来的“契机”

1989年，世界政治格局斗争发生重大变化，东欧剧变、柏林墙倒塌……美苏争霸出现的力量失衡，仿佛让萨达姆嗅到了改变时局的“契机”。

1990年2月23日，萨达姆在参加阿拉伯合作委员会成立一周年仪式上预言，莫斯科的削弱将会给美国在中近东的活动带来空前自由，“如果海湾人民——乃至整个阿拉伯世界——不保持警觉，这一地区日后就将是唯美国马首是瞻”。言外之意，萨达姆要告诉阿拉伯国家，决不能让美国统治海湾，为了抵抗美国的野心，阿拉伯国家必须接受阿拉伯世界的“救世主”——伊拉克的领导。[②] 7月9日，萨达姆在对记者们的谈话中声称，“过去有两个超级大国的平衡，今天出现了空缺，苏联不再有威信，本地区每个国家都可以根据实力自由行动”。[③]

政治强人萨达姆，嗅到了世界局势变化对中东造成的影响，准备抓住“机遇”，开始了政治上和军事上的冒险。1990年1月开始，国际市场原油价格从每桶20美元以上跌至年中的每桶14

---

① 郑达庸：《三进巴格拉：中国外交官亲历海湾战争》，中共党史出版社，2015年版，第107—108页。

② ［美］皮埃尔·塞林格、［法］埃里·洛朗：《海湾战争——秘密档案》，世界知识出版社，1991年版，第5页。

③ 军事科学院军事历史研究部：《海湾战争全史》，解放军出版社，2000年版，第27页。

美元。伊拉克财政状况面临严重危机，两伊战争造成的亏空尚未补上，赖以为生的石油收入又受到严重影响。2 月 24 日，萨达姆在与埃及总统穆巴拉克和约旦国王侯赛因的会面中扬言，“如果他们不取消这笔债务，[①] 并且再另借给我 300 亿美元的话，我就要采取报复措施”。[②] 7 月，伊拉克终于以超限额出口石油、造成石油价格下跌为由，向科威特、阿联酋等海湾国家发难。7 月 17 日，萨达姆在庆祝伊拉克复兴社会党执政 22 周年集会上，严厉指责海湾国家石油政策。他认为，海湾国家不遵守欧佩克石油生产配额，超产石油导致价格暴跌，仅从 1989 年下半年以来，就给伊拉克带来了高达 140 亿美元的损失，并认为这是“美国策划的，由海湾统治者执行的阴谋”，目的是扼杀伊拉克经济，从而为帝国主义和犹太复国主义在中东地区扫清障碍。[③]

7 月 18 日，伊拉克官方媒体开始大力宣传伊拉克外长阿齐兹于 7 月 15 日致阿拉伯联盟秘书长卡利比的公开信。公开信的内容跟萨达姆讲话内容口径一致，一是谴责科威特和阿联酋等国超额出口石油，给伊拉克带来严重经济损失；二是指责科威特为首恶，从 10 年前就开始偷采伊科边界地区油田，偷采的石油价值达 24 亿美元；三是指责科威特在两伊战争期间将军事设施修到了伊拉克的领土范围内；四是认为科威特等国的做法是对作为帝国主义和犹太复国主义主要平衡力量的伊拉克的蓄意扼杀。[④] 与

---

① 指科威特和沙特在两伊战争中借给伊拉克的 300 亿美元，笔者注。

② ［美］皮埃尔·塞林格、［法］埃里·洛朗：《海湾战争——秘密档案》，世界知识出版社，1991 年版，第 6 页。

③ 军事科学院军事历史研究部：《海湾战争全史》，解放军出版社，2000 年版，第 53—54 页。

④ ［美］皮埃尔·塞林格、［法］埃里·洛朗：《海湾战争——秘密档案》，世界知识出版社，1991 年版，第 173—182 页。

此同时，伊拉克军队开始向伊科边界地区集结。

伊科关系迅速恶化，使得其他阿拉伯国家非常紧张。为了解决争端，阿拉伯国家内部一直在磋商对策，埃及总统穆巴拉克穿梭访问伊拉克和科威特，并终于撮合两国领导人同意在沙特的吉达举行直接谈判。不过，7 月 31 日，就在距离吉达会谈开始只有 3 个小时的时候，科威特国王埃米尔突然宣布由王储代替他赴吉达参加会谈。萨达姆觉得这是“难以忍受的侮辱”，于是他也派出复兴社会党二号人物易卜拉欣代替他。至于埃米尔为什么不愿出席吉达会谈，目前不得而知。有一种推测是穆巴拉克的保证可能对埃米尔起了作用。在穆巴拉克飞赴巴格达斡旋过程中，萨达姆曾经亲口说，“无论伊拉克同科威特之间的讨论需要多长时间，我绝不使用武力。在谈判的办法用尽之前，我是不会使用武力进行干预的”。穆巴拉克把这段话转告了埃米尔。① 从后来情势的发展来看，埃米尔显然相信了穆巴拉克，伊拉克的军事进攻完全出乎科威特的意料。也许，正是因为埃米尔相信伊拉克不会动武，所以才对吉达会谈诚意不足、重视不够，或者是故意逃避与难以应付的萨达姆的直接会面。这种情形下，吉达会谈以失败告终。

三、美国：“欲擒故纵”还是“趁机而入”？

不少海湾危机研究者认为，美国的放纵是伊拉克入侵科威特的重要因素之一。二战后，伊拉克费萨尔王朝奉行亲美的外交路线，并且成为美国组织的巴格达条约组织成员。1958 年费萨尔

① ［美］皮埃尔·塞林格、［法］埃里·洛朗：《海湾战争——秘密档案》，世界知识出版社，1991 年版，第 38—39 页。

王朝被推翻，之后的卡塞姆军政府和阿拉伯复兴社会党政权，都高举阿拉伯民族主义旗帜，反对美国的外部干涉和亲以色列的立场。但是，两伊战争中，美国政府为了遏制伊朗伊斯兰革命的对外输出，采取对萨达姆政权的接触政策，美伊恢复了正常的外交关系，美国不仅向伊拉克提供武器装备，还向伊拉克提供伊朗军队活动的情报。两伊战争后，美国继续保持了对伊接触，为伊拉克提供信用贷款，利用其国内经济重建的机会促进美国的商业利益。[①] 海湾危机前，东欧剧变对国际格局产生深刻冲击，美国主要精力放在应对这些更为重大的历史变化，在海湾地区主要是寻求平稳。

因此，尽管萨达姆对外表现出越来越强的攻击性，不断发表反美言论，布什政府仍然对萨达姆表现出了温和的态度。1990年2月，美国近东及南亚事务助理国务卿凯利访问伊拉克时对萨达姆表示，伊拉克是中东地区的“温和力量”，美国希望发展与伊拉克的关系。[②] 3月，萨达姆以间谍罪处死英国《观察家报》伊朗裔记者法扎德·巴佐夫特。4月，他又以拥有化学武器对以色列发出警告。布什政府非但没有对萨达姆进行警告，10天后，美国参议院少数党领袖罗伯特·科尔还率团访问伊拉克。科尔对“美国之音”播出的攻击伊拉克政权的言论向萨达姆道歉并表示，“12个小时前，布什总统对我说，他本人和他的政府寻求同伊拉克建立更为良好的关系”，“布什总统将反对制裁伊拉克”。[③]

① 岳晓勇：《动荡中的盟友与对手：美国与海湾国家关系的建立与演进》，世界知识出版社，2013年版，第37—38页。

② Evans, William, Harris, Daniel J., ed., *Political and Economics of the Middle East*, New York: Nova, 2008, pp. 6 – 15.

③ ［美］皮埃尔·塞林格、［法］埃里·洛朗：《海湾战争——秘密档案》，世界知识出版社，1991年版，第21—23页。

布什政府的“宽容”，恐怕是让萨达姆看到了可乘之机。苏联全面战略收缩，无暇顾及中东地区，而美国为了集中精力对付苏联，在中东“求稳”心态当先，这样的良机即使不是激发了萨达姆入侵科威特的决心，至少也让萨达姆看到了“形势为我所用”的可能。7 月 24 日，就在伊拉克入侵科威特前七天，萨达姆召见美国驻伊拉克大使格拉斯皮。从前后时间来看，萨达姆此次召见，很有可能是在为入侵科威特刺探美国方面的口风。谈话中，萨达姆主动向格拉斯皮谈起伊科之间的经济冲突和领土纠纷，而格拉斯皮表示“对类似伊科边界纠纷这样的阿拉伯国家之间的争端，美国不持立场”。就在萨达姆和格拉斯皮会见之后，美国总统布什致函萨达姆，强调美国愿意与伊拉克保持良好关系，希望伊科争端和平解决。①

事实上，美国一直在注视伊拉克的动向。5 月初，美国中央情报局即在一份呈送白宫的情报中判断，伊拉克极有可能进攻科威特，但是没有引起布什政府重视。7 月 23 日，美国卫星侦察到伊拉克军队 3 个师约 3.5 万人的兵力部署在离伊科边境约 30 公里的地区。为了表示关切，7 月 24 日，美国与阿联酋举行了海军联合演习，但是，美国国务院发言人玛格丽特·塔特怀勒在答记者问时强调，美国与科威特之间没有防务条约，对科威特也没有特殊的防务承诺。② 直到 7 月 30 日，伊拉克向伊科边界调动 10 万大军，但是在第二天美国助理国务卿凯利到美国众议院做证时仍然表示，如果科威特遭到进攻，“没有一个条约、没有一

① ［美］科林·鲍威尔：《我的美国之路》，昆仑出版社，1996 年版，第 513 页；郑达庸：《三进巴格拉：中国外交官亲历海湾战争》，中共党史出版社，2015 年版，第 5—7 页。

② ［沙特］哈立德·本·苏尔坦、［英］帕特里克·希尔：《沙漠勇士——联合部队司令对海湾战争的己见》，军事谊文出版社，1996 年版，第 215 页。

项义务迫使我们派出美国部队”。[①] 8 月 1 日，美国中情局再次发出伊拉克即将入侵科威特的警告，但是美国政府仍然没有采取任何行动。

怎样理解美国一系列含糊不清甚至错误的外交信号？一些人推测美国在给萨达姆设圈套，因为这些错误信号毫无疑问是在鼓励萨达姆采取行动。[②] 一些内部人士表示这是布什政府判断上的失误，美国决策层以为萨达姆的武力展示仅仅是一种威胁科威特让步的手段，不至于跨越“红线”，发动入侵。[③] 当事者则表示，美国行政当局对伊拉克的施压受到国内主张与伊拉克发展关系的力量的干扰，美国国内存在继续保持对伊接触的政策惯性。[④] 不管怎样，即使美国并不是在“欲擒故纵”，利用苏联后退契机、借助萨达姆这颗棋子进驻中东，但是从事态后来的发展看，美国的确抓住了机会，通过海湾战争实现了掌握中东的目的。

就这样，8 月 2 日，伊拉克军队终于越过伊科边境，大举进攻科威特并且出乎意料地迅速占领科全境，海湾危机爆发。围绕强制伊拉克从科威特撤军，美国组建的反伊联盟与伊拉克展开了强制与反强制的斗争。

---

① ［美］皮埃尔·塞林格、［法］埃里·洛朗：《海湾战争——秘密档案》，世界知识出版社，1991 年版，第 56—57 页。

② ［沙特］哈立德·本·苏尔坦、［英］帕特里克·希尔：《沙漠勇士——联合部队司令对海湾战争的己见》，军事谊文出版社，1996 年版，第 214—215 页。

③ ［美］皮埃尔·塞林格、［法］埃里·洛朗：《海湾战争——秘密档案》，世界知识出版社，1991 年版，第 67—76 页；［美］罗德尼·卡莱尔著，孙宝寅、孙卫国译：《美国人眼中的海湾战争》，当代中国出版社，2006 年版，第 57 页。

④ George Bush and Brent Scowcroft, *A World Transformed*, New York: Random House, 1998；岳晓勇：《动荡中的盟友与对手：美国与海湾国家关系的建立与演进》，世界知识出版社，2013 年版，第 38—39 页。

第二节　从“沙漠盾牌”到“沙漠风暴”

伊拉克入侵科威特之后，美国反应迅速、态度坚决，借助联合国机制，拉拢中东地区主要国家，联合西方主要盟友，争取苏联等国家的支持，经济制裁和武力威胁双管齐下，有效组织起了反伊联盟，大举进行军事准备，试图强制伊拉克就范。伊拉克这边，萨达姆大打“人质牌”“巴勒斯坦牌”“以色列牌”“化学武器牌”等组织反强制措施，试图形成威慑，分化、瓦解反伊联盟，企图以拖待变，从而实现吞并科威特的野心。无奈萨达姆错判局势，反伊联盟始终保持了团结、协作，展现了较高的凝聚力，双方之间强制与反强制的较量终于走向了战争，以美国为首的反伊联盟发动“沙漠风暴”作战计划，海湾危机演变为海湾战争，强制外交策略最终失败。

一、反伊联盟的建立

8 月 2 日，就在伊拉克入侵科威特仅仅几小时后，美国总统布什召开了紧急决策会议，研究部署应对策略。会议决定：一是公开谴责伊拉克的入侵行径；二是立即冻结伊拉克和科威特在美国的资产；三是指示国务卿贝克赴莫斯科与苏联外长谢瓦尔德纳泽会晤磋商；四是寻求联合国对伊拉克的制裁；五是寻求美国国会两院通过制裁伊拉克的法案；六是举行国家安全委员会特别会议，研究军事行动方案。与此同时，美国“独立”号和“艾森豪威尔”号航空母舰战斗群已经奉命开向海湾地区。[①]

对于采取军事行动，美国事实上并不是全无准备。美军中央司令部长期以来一直有一项“保卫阿拉伯半岛”的计划。1990年春，美军中央司令部根据新的地区战略和军事形势，进一步审查了该项计划，并向参谋长联席会议主席呈送了一份“基本计划纲要”。在此基础上，中央司令部参谋部门制定了代号为“90－1002”、取名为“防御阿拉伯半岛”的作战计划。[②] 海湾危机爆发后，布什政府迅速决定实施“90－1002”计划，向海湾地区迅速出兵，并将这一计划命名为“沙漠盾牌”行动。[③] 只不过，越战失利的阴影令布什政府对军事行动保持了高度谨慎，从一开始，布什政府就认识到离开了各方的支持，对伊强制或者采取军事行动就只能是一纸空文。于是，布什政府开始了组建反伊联盟的外交努力。

美国组建的反伊联盟规模庞大。直到海湾战争打响，共有40多个国家参加了反伊军事和政治联盟；参与“沙漠风暴”军事行动的国家有39个之多，共派出了24.5万战斗部队和支援部队；106个联合国成员国参与对伊制裁和封锁；10多个国家同意为美国提供540亿美元的现金和实物援助。[④] 仔细分析，不同国家在联盟中的地位和作用并不相同。

---

① 军事科学院军事历史研究部：《海湾战争全史》，解放军出版社，2000年版，第84—85页。

② 郑达庸：《三进巴格拉：中国外交官亲历海湾战争》，中共党史出版社，2015年版，第99—100页。

③ ［美］皮埃尔·塞林格、［法］埃里·洛朗：《海湾战争——秘密档案》，世界知识出版社，1991年版，第100—102页。

④ 军事科学院军事历史研究部：《海湾战争全史》，解放军出版社，2000年版，第149页。

联盟的领导核心无疑是美国，另外还有美国的“铁杆”盟友英国的支持。8月2日，伊拉克入侵科威特的当天，布什就与正在美国访问的英国首相撒切尔夫人进行了会面，达成了对伊采取最强硬态度的共识，英国不仅在政治、经济、外交等方面给予美国全方位的配合，并且是第一个支持美国出兵并宣布自己出兵的国家。如果说美国是反伊联盟的主帅，那么英国自始至终都在力图充当副帅的角色。

联盟的主体，主要是中东地区的重要国家，其中尤以沙特最为关键。一方面，沙特的支持，对于美国联合大多数阿拉伯国家至关重要；另一方面，如果沙特不同意为美军提供军事行动的基地，那么美国就无法实现出兵的计划。但是，沙特国王法赫德对此顾虑重重。法赫德坚决反对伊拉克入侵科威特，并十分担心萨达姆下一步会入侵沙特。鉴于沙特及海湾合作委员会军事力量弱小，无法与伊拉克抗衡，法赫德有意接受美国的出兵要求。但是，由于美国多年来在中东推行“扶以反阿”的政策，使得阿拉伯人的反美情绪十分强烈，同时伊斯兰教规一贯反对异教徒在他们的领土上作战，因此法赫德担心遭到其他阿拉伯国家的反对。另外，由于美沙两国曾因为军事援助问题产生过芥蒂，[①] 因此法赫德对美国心存怀疑。[②] 法赫德国王一开始更加希望能在阿拉伯世界内部解决海湾危机。但是，法赫德所期望的约旦国王侯赛因的调解最终失败，随后举行的阿拉伯联盟外长特别理事会上，阿

① 伊朗革命发生后，美国卡特政府和沙特王国对伊朗霍梅尼政权心怀恐惧，美国同意派2个中队的F-15战斗机进驻沙特，但是当飞机飞至中途时，卡特政府又以飞机没有携带武器为借口取消了“援助”，从而使沙特在阿拉伯世界处境十分尴尬。

② ［美］鲍勃·伍德沃德著，军事科学院外国军事研究部译：《统帅们》，法律出版社，1991年版，第227—228页；军事科学院军事历史研究部：《海湾战争全史》，解放军出版社，2000年版，第140—141页。

拉伯国家内部也发生了分裂。[1] 与此同时，为了取得沙特的支持，布什几次给法赫德国王打电话，不断向沙特强调伊拉克入侵沙特的意图，美国国防部长切尼亲自访问沙特，带去了美国情报机构的报告和卫星照片，展示了伊拉克在伊沙边境集结兵力的情况。最终，在美国向沙特做出“一旦危机解除，美军立即撤走”的保证之后，沙特同意美国出兵。

埃及也为美国联合阿拉伯国家力量提供了重要的帮助。埃及每年从美国方面获得的经济援助高达 20 亿美元，海湾危机爆发后，布什第一时间对穆巴拉克施加了巨大压力，埃及对伊拉克的行径进行了公开谴责，同意向美军开放领空和苏伊士运河，派兵加入美国组建的多国部队，并且帮助美国协调和团结阿盟的力量。作为回报，美国答应免除埃及的军事债款共约 70 亿美元。[2] 此外，美国成功说服沙特和土耳其关闭了其境内的出口伊拉克石油的管道，而叙利亚保证不打开其境内的输油管道。作为交换，美国承诺保障军事实力弱小的沙特的国家安全，补偿土耳其的经济损失，主动缓和了与叙利亚的关系。[3]

联盟的外圈，主要是美国的西方盟国。法国、意大利等国先后出兵海湾，法国、日本和德国答应向美国提供几百亿美元的资金援助，日本、希腊、挪威、丹麦等为美国提供大型运输船只，

---

① ［美］皮埃尔·塞林格、［法］埃里·洛朗：《海湾战争——秘密档案》，世界知识出版社，1991 年版，第 93—94 页；军事科学院军事历史研究部：《海湾战争全史》，解放军出版社，2000 年版，第 91—92 页。

② 军事科学院军事历史研究部：《海湾战争全史》，解放军出版社，2000 年版，第 147 页。

③ Richard Herrmann, “Coercive Diplomacy and the Crisis over Kuwait, 1990 - 1991”, in Alexander L. George and William E. Simons eds. , *The Limits of Coercive Diplomacy* 2nd *edn.* , pp. 233 - 234；军事科学院军事历史研究部：《海湾战争全史》，解放军出版社，2000 年版，第 147—148 页。

欧洲盟国向美军开放港口、机场和领空，北约成员国为美军部署提供安全协作保障。①

联盟的外部，美国高举道义大旗，借助联合国的力量争取国际支持，尤其是确保了苏联在对伊政策上与美国的协调。苏联尽管名义上反对美国的“炮舰外交”，但是由于自顾不暇，也出于要与西方缓和的大政策的需要，除了必要的外交调解之外，无法左右海湾的局势，在关键问题上基本采取了配合的姿态。

综上所述，反伊联盟是在美国积极领导下组建的霸权型联盟，美国是联盟的领导核心，海湾和中东的主要国家沙特、埃及、科威特、阿联酋等国家位于联盟中圈，也是海湾危机最直接的利害关系人，联盟的外圈是美国的西方盟国，这些国家由于维护全球秩序和保证石油经济利益等需要，支持美国对伊拉克采取行动。联盟外部，伊拉克公然入侵另一个主权国家的行径，冒天下之大不韪，因此为美国争取联合国等国际支持提供了条件。

二、由“威慑”到“强制”：“沙漠盾牌”计划

8月6日，在美国的努力下，沙特终于同意向美军敞开大门。至此，布什政府对沙特、埃及、土耳其、叙利亚和苏联等国家的游说全部取得积极成果。8月7日，布什正式签署“沙漠盾牌”计划，宣布出兵海湾。第二天，布什发表电视讲话，强调“任何人都不应怀疑我们的和平愿望，但也不能低估我们对付侵略的决心”，并明确宣布美国处理海湾危机的四项原则，即：伊拉克无条件撤军、恢复科威特合法政府、维护波斯湾地区安全和稳定、

① 军事科学院军事历史研究部：《海湾战争全史》，解放军出版社，2000年版，第145—146页。

保护美国公民生命安全。[1]

美国对伊拉克的强制策略，跟“沙漠盾牌”计划的实施密切相关。从8月7日至11月7日是“沙漠盾牌”行动计划的第一阶段，即防御性快速部署阶段。这个阶段，美国对伊拉克的武力“威慑”多过“强制”。由于海湾国家军事力量根本无法与伊拉克抗衡，而美军在此地区的军事力量也远远不够，布什政府这一阶段的核心是迅速、大量出兵，尽快在沙特形成防御能力，同时避免伊拉克先发制人，即在美军防御力量还没部署到位的情况下发动对沙特的攻击。同时，此时大多数阿拉伯国家对和平解决海湾危机抱有希望，包括沙特在内的多个国家参与“沙漠盾牌”行动计划的主要目的是保证沙特不受侵略，而非对伊拉克军队作战。总而言之，美国使用武力强制伊拉克撤军的时机还不成熟。

由此也就不难理解，美国当局在危机初期公开讲话的口气相当缓和的原因。布什在8月8日的全国电视讲话中，宣称“美军的任务纯粹是防御性的”，应该是有避免过分刺激伊拉克的考虑。在当天中午记者招待会上，布什重申美军的任务不是把伊拉克赶出科威特。9月中旬，当美国空军参谋长迈克尔·杜根在同《华盛顿邮报》记者谈话时，扬言通过空军力量对萨达姆实施“斩首”战略时，布什政府和军方高层立即将其解职。[2] 另一方面，美国利用新闻媒介，故意将美军“沙漠盾牌”行动的某些实施情况和武器装备情况公诸于众，组织记者参观神秘的F-117A隐形战略轰炸机，拍摄关于军事情况的影片和照片，对美国军事能

① 军事科学院军事历史研究部：《海湾战争全史》，解放军出版社，2000年版，第86页。

② ［美］鲍勃·伍德沃德：《800天三次出兵——布什领导核心决策揭秘》，军事译文出版社，1991年版，第287—288页。

力进行夸张宣传，制造美军已经大批进驻沙特的假象，并采取严格保密措施，隐蔽真相。[①] 由此可见，海湾危机爆发初期，美国首要目标是“防御”加“威慑”，避免刺激萨达姆的同时加紧军事力量增派。

军事上美国虚虚实实威慑伊拉克，阻止伊进一步侵略的企图。政治上和经济上美国紧锣密鼓借助联合国力量组织对伊的制裁，掐断伊的外部输入。8 月 2 日，联合国安理会通过第 660 号决议，谴责伊拉克入侵科威特，要求无条件撤军。8 月 6 日，安理会通过第 661 号决议对伊拉克实行贸易禁运。8 月 25 日通过的第 665 号决议，允许采用军事手段实施对伊拉克的贸易禁运，进行海上拦截行动，这也是联合国 45 年历史上第一次由安理会授权通过军事行动实施制裁的决议。从 8 月 25 日至 9 月 7 日，执行禁运的联合国成员国数量达到 106 个之多。9 月 25 日，为进一步加强制裁效果，联合国安理会通过了第 670 号决议，对伊拉克实行空中封锁。

伴随着制裁的加码和军力的迅速部署，美国领导下的反伊联盟逐渐拧紧了强制的“螺丝”。截至 10 月初，美国在海湾地区海陆空总兵力已达 20 万，防御形势发生有力转变。在如此短的时间内迅速调动大规模兵力，一方面说明美国有备而来，“90－1002”计划为美军的快速反应进行了有效准备。另一方面，美军在调兵遣将过程中得到了反伊联盟国家的大力协助，在美军的运输、补给、中转等过程中提供了大量的人力物力支持，尤其是沙特现代化的资源供给和港口、机场等基础设施发挥了至关重要的

---

① 郑达庸：《三进巴格拉：中国外交官亲历海湾战争》，中共党史出版社，2015 年版，第 111 页；军事科学院军事历史研究部：《海湾战争全史》，解放军出版社，2000 年版，第 231 页。

作用。担任多国部队总司令的施瓦茨科普夫承认，“如果没有沙特阿拉伯百分之百的合作，这一切根本不可能完成”。[①]

到11月初，“沙漠盾牌”计划第一阶段完成，以美国为首的多国部队共向海湾增兵40多万，并且建立了指挥体制，完成了防御部署。与此同时，伊拉克不仅没有撤兵的打算，反而在伊沙、科沙边境以及科威特境内进一步增加兵力部署、构建军事设施，摆出了一副战斗到底的架势。于是，“沙漠盾牌”计划进入了进攻性部署的第二阶段。10月30日，布什召开高层决策会议，决定再向海湾地区增兵20万，目的是在制裁措施不起作用、伊拉克拒不撤军的情况下，在3个月后发动对伊拉克的军事打击。[②] 11月8日，布什举行新闻发布会，宣布“扩大‘沙漠盾牌’行动规模”，确保“多国部队有一个适当的进攻性军事方案”。[③] 由此开始，美国开始了以军事打击相威胁，强制伊拉克撤军的阶段。

显然，美国通过3个月的准备，占据了战略上的主动之后，就已经不再耐心通过“逐渐拧紧螺丝”、步步施压的方式进行强制了，而是准备摊牌，以战争为后盾向萨达姆下达最后的通牒。利用担任当月安理会主席的机会，美国趁机提出一份授权成员国用武力将伊拉克赶出科威特的决议草案。经过布什政府多方积极游说运作，最终于11月29日，联合国安理会通过了第678号决议，给伊拉克定下了1991年1月15日的最后期限，否则将授权

---

① ［沙特］哈立德·本·苏尔坦、［英］帕特里克·希尔：《沙漠勇士——联合部队司令对海湾战争的己见》，军事谊文出版社，1996年版，第407页。

② ［美］科林·鲍威尔：《我的美国之路》，昆仑出版社，1996年版，第546页。

③ ［美］鲍勃·伍德沃德：《800天三次出兵——布什领导核心决策揭秘》，军事译文出版社，1991年版，第327页。

成员国“使用一切必要手段”将伊拉克军队赶出科威特。美国通过联合国向伊拉克发出了最后通牒。为了给伊拉克最后一次机会，也为了争取国内外的支持，美国国务卿在1月9日与伊拉克外长进行了最后一次谈判，但最终破裂。此后，众多国家和组织如挪威、欧共体、加拿大甚至是叙利亚，都试图最后劝说萨达姆撤军，却均以失败告终。① 直至联合国秘书长德奎利亚尔最后的调解失败，海湾危机最终还是走向了战争。1月17日，布什宣布，解放科威特的“沙漠风暴”行动开始，反伊联盟对伊拉克的强制外交最终失败。

三、萨达姆的“楔子战略”

反伊联盟政治制裁、经济封锁、武力威胁全面发力，构建了强制伊拉克撤军的天罗地网，但是仍难以逼迫萨达姆回心转意。在外部的压力下，伊拉克一方面不停地补充侵占科威特的军事力量，全力构建军事防线，试图保住侵略而得的“果实”；另一方面，针对反伊联盟的联合强制，则主要试图通过“楔子战略”离间反伊联盟，即使不能瓦解、分化对手，也要造成反伊联盟成员国之间政策协调的困难，将伊拉克占领科威特的行为长期化，从而以拖待变，造成既成事实。

首先是利用以色列与阿拉伯国家之间的矛盾，大打“以色列牌”和“巴勒斯坦牌”。伊拉克占领科威特后，国际社会反应强烈，联合国制裁接踵而至，萨达姆试图利用巴勒斯坦问题“把水搅浑”，也就是萨达姆所谓的“挂钩论”。8月12日，萨达姆提

---

① 军事科学院军事历史研究部：《海湾战争全史》，解放军出版社，2000年版，第118—125页。

出“解决海湾危机的建议”，要求把伊拉克撤军问题同以色列撤出侵占阿拉伯国家领土问题、叙利亚撤出黎巴嫩等问题联系在一起解决。伊拉克自始至终一直坚持这一“挂钩论”，把“巴勒斯坦问题”拿来当作“遮羞布”，把自己打扮成“巴勒斯坦解放事业的坚定支持者”和反以反美的“阿拉伯民族勇士”，美化自己的侵略行为，蛊惑阿拉伯民众。“挂钩论”的目的，是要将海湾危机长期化、复杂化，从而掩护伊拉克长期占有科威特的企图。

从道义和法理上讲，伊拉克的主张根本站不住脚。伊拉克对一个主权国家的公然吞并，严重违反了国际准则，联合国系列决议已经要求伊拉克无条件撤军，布什政府对伊拉克的“挂钩论”也是断然拒绝。但在战术层面上，美国不能不考虑阿拉伯国家范围内普遍存在的反以情绪，以及由于美国偏袒以色列造成美国和阿拉伯国家之间的信任问题。因此，尽管海湾危机爆发伊始，以色列即宣布准备参加任何阻止伊拉克的军事行动，但是布什政府自始至终将以色列排除在反伊联盟之外，并且一直要求以色列保持低姿态，对伊拉克的挑衅回避忍让，避免给反伊联盟的联合行动造成困难。为了安抚以色列，布什将两个“爱国者”防空导弹转给以色列军队，以色列也向美国保证不对伊拉克发动先发制人的进攻。[①]

尽管如此，以色列仍然是威胁反伊联盟凝聚力的一颗“定时炸弹”。10 月 8 日，在耶路撒冷的阿克萨清真寺外，以色列士兵与巴勒斯坦人发生冲突，造成巴勒斯坦人伤亡众多。对此，国际舆论同声谴责以色列，呼吁召开联合国会议以解决阿以冲突。伊拉克借此大做文章，萨达姆在次日发表声明，要求以色列撤出阿

---

① 军事科学院军事历史研究部：《海湾战争全史》，解放军出版社，2000 年版，第 162 页。

拉伯领土，并威胁对以色列进行导弹袭击。[①] 为了维护反伊联盟的团结，尽管美国并不愿意，但最后不得不通过了联合国谴责以色列的决议。[②] 因此，由于伊拉克的侵略行为实属冒天下之大不韪，难以为自己开脱，同时美国在海湾危机中有意识地压制和安抚以色列，拉拢、维护与阿拉伯国家关系，从而保证了反伊联盟的团结。伊拉克借助"以色列"这个楔子撬动反伊联盟的企图未能得逞。

其次是利用所谓"人质牌"，让西方国家投鼠忌器，造成美国与西方盟国之间的矛盾。海湾危机爆发时，滞留在伊拉克和科威特境内的外国公民约有 300 多万，绝大多数是阿拉伯国家公民，西方国家公民有 2.1 万，尤以美国和英国最多。为了充分利用"人质"来做文章，伊拉克采取了相应的分化政策：对于阿拉伯国家公民，允许其离境；对尚未对伊采取军事行动的国家，如苏联、匈牙利、瑞士、芬兰、瑞典等国公民，允许他们分批出境；但是对于反伊联盟的西方国家公民，则被萨达姆政府当作人质扣留了下来。伊拉克甚至把扣留的西方人质转移到发电厂、炼油厂和军事战略重地，充当威慑多国部队空袭的"人体盾牌"。在联合国安理会 664 号决议通过、要求伊拉克允许外国公民撤离之后，萨达姆向国际社会开出了释放人质的"价码"：安理会应促使以美国为首的所有外国军队从海湾地区撤军；布什政府应书面保证撤军，解除对伊军事封锁，并在相互尊重基础上与伊进行

---

① 殷罡、秦海波主编：《萨达姆·侯赛因——注定要震惊世界的人》，警官教育出版社，1990 年版，第 223 页。

② Richard Herrmann, "Coercive Diplomacy and the Crisis over Kuwait, 1990 – 1991", in Alexander L. George and William E. Simons eds., *The Limits of Coercive Diplomacy* 2nd *edn.*, Boulder, Colo: Westview Press, 1994, p. 241.

谈判；科威特问题应由阿拉伯国家内部解决。[①]

美国和英国对伊拉克的“讹诈”态度十分坚决：绝不向伊拉克妥协。美国朝野空前一致，几位前总统也纷纷表态支持布什政府采取强硬态度。眼看“人质牌”难以对美英产生直接作用，伊拉克开始针对性地释放部分人质，从其他西方国家身上打开缺口。伊拉克邀请一大批西方国家前政要人士陆续访问巴格达，并且同意释放相关国家的部分人质。10 月 23 日，伊拉克进一步宣布允许所有法国人质回国，以此“答谢法国人民反对美国总统布什的行径，也为答谢密特朗总统建议以和平方式解决地区性问题的主张”。[②] 除了法伊之前传统的密切关系，海湾危机爆发后，法国一再呼吁召开国际会议，主张以和平方式分阶段解决海湾及中东问题，法国总统密特朗还在联合国大会上提出全面解决中东问题的四点建议，受到伊拉克的欢迎。之后，伊拉克又采取同样办法，释放了全部德国人质，并声称是由于德国总理科尔关于和平解决海湾危机的呼吁。

伊拉克的“人质牌”打得虽然让美国难受，但是仍难以对反伊联盟产生实质性的影响。反伊联盟的核心——美英两国态度坚决，其他西方盟国如法国，即使做一些外交上的呼吁和建议，换取伊拉克在人质问题上的回馈，但是在实质问题上，始终坚持联合国相关决议的基本立场，不会为了人质问题做出有违国际社会共识的妥协，伊拉克的计谋也就始终难以得逞。

再次是萨达姆极力煽动阿拉伯国家的民族主义情绪，号召对

① 军事科学院军事历史研究部：《海湾战争全史》，解放军出版社，2000 年版，第 188—193 页。

② 陆仁：《“沙漠风暴”——海湾战火实录》，中国国际广播出版社，1991 年版，第 91 页。

异教徒进行“圣战”。萨达姆是反对伊朗和以色列的“英雄”，在阿拉伯群众，尤其是阿拉伯激进分子当中享有一定威望和号召力。海湾危机爆发后，萨达姆把美国出兵海湾定义为“美帝国主义和犹太复国主义对先知安息地的入侵”，多次号召阿拉伯人民开展同“西方新十字军”的“圣战”，保卫先知穆罕默德。①

萨达姆这一套蛊惑人心的说辞，尽管得到了阿拉伯民族激进分子的支持，在约旦、也门、苏丹、突尼斯、阿尔及利亚等国爆发了声援伊拉克、反对美国进驻海湾的群众示威，约旦、巴勒斯坦等国也采取了支持同情伊拉克的态度，但是对于多数阿拉伯国家来说，萨达姆入侵科威特、从而进一步谋求阿拉伯世界霸权的企图已是“司马昭之心”。由此可见，阿拉伯主要国家对伊拉克霸权野心和地缘威胁的深深恐惧和戒备，保证了他们愿意听从美国的领导、维护反伊联盟的团结。

第三节　全球霸权与地区霸权之争：海湾危机的启示

以美国为首的反伊联盟强制伊拉克撤军的尝试最终失败，多国部队的“沙漠风暴”计划最终在海湾打响。回顾反伊联盟与伊拉克强制与反强制的过程，双方的态度和立场都相当强硬，似乎从一开始，双方已经做好了兵戎相见的准备，留给强制外交发挥作用的空间也就相当有限。当伊拉克谋求地区霸权的企图与美国

① 张相元、王勇、胡东华主编：《海湾战争纵览》，海潮出版社，1992年版，第133页。

建立美国治下的“全球秩序”相冲突的时候，双方的争斗具有了地区霸权挑战全球霸权的战略性意义。这一重大的利益冲突，支撑了双方的强烈意愿。对伊拉克来说，这一强烈意愿加之对自身实力不切实际的估计导致了灾难性后果。对美国来说，强烈的意愿和有效的运作保证了反伊联盟的团结，联盟的高凝聚力为对伊动武提供了方便。

一、“被算计的萨达姆”？——强制信号的分析

从海湾危机的后果来看，美国很好地利用了萨达姆的军事冒险，实现了重大战略利益，下了一盘大棋。萨达姆的战术运用步步失败，以致于让人产生“阴谋论”的怀疑，认为美国“做局”让萨达姆上钩。其认为：先是美驻伊拉克大使和布什总统多次明确表明对伊拉克的缓和、放任态度，甚至表示不会介入伊拉克与科威特的领土争端，“引诱”萨达姆入侵伊拉克。在伊拉克入侵后，美国迅速拿出准备已久的军事计划，以惊人的速度实现了增兵海湾，但同时，布什的公开讲话又总是透露一些真假混杂的信息，这种两重性令人迷惑。他一方面宣称要给经济制裁一些时间以发挥作用，但随后又说这对萨达姆来说就像“让沙子穿透玻璃”；他一方面宣布增派部队，另一方面又说这只是为了向萨达姆施加压力，而不是准备入侵伊拉克，然后，他又暗示，如果需要的话，这些部队将提供一种进攻能力。[①] 这种迷惑性言论令萨达姆不敢轻举妄动，而一旦美国军事准备完毕，迅速推动了联合国对武力解决海湾危机的授权，最终动用武力达到了目的。

---

① ［美］罗德尼·卡莱尔著，孙宝寅、孙卫国译：《美国人眼中的海湾战争》，当代中国出版社，2006 年版，第 75—77 页。

这种阴谋论的推测虽然不是事实，但是确实反映出了美国很好地抓住了伊拉克造成的机遇，以强大的战略战术运用能力实现了完胜。首先，现有的资料表明，海湾危机爆发前，尽管美国情报部门一再提醒布什政府伊拉克入侵科威特的可能性，但事实上布什对此估计有误，伊拉克的入侵出乎美国意料，更不用说是有意为之。

其次，布什对伊拉克公开政策表态的迷惑性有多重原因。在危机爆发初期，美国军事部署尚不到位的情况下，这种迷惑性掩饰了当时美国军事上的虚弱，此时萨达姆一旦先发制人入侵沙特，将对海湾局势造成严重不利于美国的影响，美国再想动用武力解决问题，至少也要付出惨痛得多的代价。从反伊联盟的角度看，美国的克制表态有助于团结反伊联盟的各成员国，尤其是减轻联盟内阿拉伯国家对美国出兵海湾的抵触，美国似乎要把武力威胁控制在保卫沙特安全范围内的态度，缓解了它们关于“叛徒”身份的焦虑——接纳异教徒在伊斯兰领土上发动对另一个伊斯兰国家的战争，这有违伊斯兰教的原则。从美国国内政治的角度看，布什迷惑性的态度，也有安抚国内反战势力的考虑，特别是美国当时还未走出越战失利的阴影。

最后，如果说前期萨达姆错判美国的战略决心和战略意图尚情有可原，那么，在联合国第678号决议通过后，萨达姆不可能再错判美国动武的决心。且不说联合国决议的权威性和明确性，即便是决议通过后，多国政要和联合国秘书长的亲自斡旋，以及美伊在最后期限到来之前的直接谈判，都不可能不让萨达姆明白美国武力威胁的可信性。即便如此，萨达姆仍然选择一战，充分说明他乃是基于“理性”的算计而非被美国“诱惑”。

萨达姆为何孤注一掷，有人认为萨达姆根本是非理性的，是不可强制的；也有人认为这是萨达姆刚愎自用，高估自己、低估敌人而犯下的蠢事；还有人认为布什政府根本没有打算让经济制裁和武力强制起作用，而是要抓住苏联退缩的机遇，彻底在军事上控制中东和海湾地区，谋求世界霸权。[①] 从萨达姆的言行推测，他似乎从一开始就陷入了一种“迷思”当中，即美国承受不了战争带来的人员伤亡。在萨达姆会见美国驻伊拉克大使格拉斯皮时就曾直言不讳地提醒美国不要忘记“越南战争综合征”、“你们的社会根本不能接受在一场战斗中伤亡一万人的事实”。[②] 此后，在多种场合，萨达姆一再强调他的这一判断。同时，萨达姆一直在叫嚣所拥有的化学武器和生物武器具备的大规模杀伤力量，做好了破坏中东油田和石油设施的准备，并且准备好开展恐怖主义活动。[③] 萨达姆大概认为，只要把美国拖入地面战争，伊拉克依靠“人海战争”和不择手段的杀伤性力量，大量杀伤美军，美国国内就会发生变故，迫使美国撤军。真可谓是迷信武力、丧心病狂，反伊联盟的威胁不起作用也就不足为怪。

相反，布什政府从一开始就在小心避免重蹈越战覆辙。一方面，多国部队作战计划准备充分，集中了足够充分的军事力量，以饱和式军事攻击的姿态迎战，确保一击而破、一战而胜。另一方面，美国高度重视依靠反伊联盟，充分借助联合国授权，表现

---

① Richard Herrmann, “Coercive Diplomacy and the Crisis over Kuwait, 1990 - 1991”, in Alexander L. George and William E. Simons eds., *The Limits of Coercive Diplomacy* 2nd *edn.*, Boulder, Colo: Westview Press, 1994; Peter Viggo Jakobsen, *Western Use of Coercive Diplomacy after the Cold War: A Challenge for Theory and Practice*, New York: St. Martin's Press, 1998；钱其琛：《外交十记》，世界知识出版社，2003 年版。

② ［美］罗德尼·卡莱尔著，孙宝寅、孙卫国译：《美国人眼中的海湾战争》，当代中国出版社，2006 年版，第 56 页。

③ 军事科学院军事历史研究部：《海湾战争全史》，解放军出版社，2000 年版，第 202—204 页。

出了强有力的领导力和影响力，充分保证了联盟的团结，成员国从军事、经济到政治、后勤等充分的支持，避免了美国被拖入消耗战的噩梦。在军事准备充分、反伊联盟凝聚力高涨的情况下，发动“沙漠风暴”作战计划从战争角度来看有其合理性，美国要维持庞大的军事存在和军事联盟并不容易，静待经济制裁和封锁发生作用的前景并不明朗，但是机会成本却相较为高，美国发动海湾战争应有这方面的考虑。尽管不能肯定布什政府不希望强制外交成功，但是从一开始，布什政府就是以发生战争来谋划运作的确是事实。在军事上占据绝对优势的情况下，美国外交上的努力主要在于如何维持联盟的凝聚力、如何争取对伊动武的合法化，而不是对伊拉克展示出外交上的灵活性，因为那样会被视为对侵略者的“奖励”。

最终，在反伊联盟强大的武力威胁下，萨达姆仍然没能被强制，说明了认知因素的重要作用和强制外交战略的复杂。当武力威胁力度不够的时候，被强制方可能会对威胁的可信性产生怀疑，不利于威胁的成功。但是，当强制双方都把武力看作解决问题的最优方式时，威胁再可信也难有用武之地，强制外交一样难以成功。

二、“我们别无选择”——反伊联盟的凝聚力分析

阿拉伯联军司令、沙特法赫德国王的侄子哈立德·本·苏尔坦将军在解释沙特为何同意美军进驻海湾时曾说道：“为了保卫我们的国家和人民，我们别无选择，只能向友军请求帮助，尤其是美国——这个唯一愿意而且有办法挫败伊拉克侵略的国家。在一个理想的世界里，我们更愿意成立一个阿拉伯联合部队。但

是，只要我们和我们的海湾邻国们不能保护自己，不能抵挡住像萨达姆·侯赛因这样强大的掠夺成性的人，同与我们拥有共同的重要经济利益的西方结成多国联合部队，在我看来是十分必要的。”①

反伊联盟的建立，阿拉伯国家，尤其是沙特的支持至关重要，这是“沙漠盾牌”和“沙漠风暴”行动得以成功的重要先决条件。可以说，反伊联盟的内部结构介于非对称性联盟和对称性联盟之间。美国自然是反伊联盟的领导者，拥有无可比拟的领导力量。但是，由于沙特拥有关键的战略地位和在阿拉伯国家内举足轻重的政治、经济地位，使其在海湾危机中成为美国必须要争取的力量，因此，沙特这一“关键国家”也就拥有了超出其实力的博弈能力。

只不过，沙特并没有与美国博弈的意愿和动机。在沙特眼里，萨达姆入侵科威特后对沙特的国家安全造成了致命的威胁。哈立德的看法充分说明了沙特对萨达姆造成威胁的认识——“强大”“掠夺成性”。可谓是既有掠夺的能力，又有掠夺的意图。

从实力来看，萨达姆拥有中东地区最为强大的军事力量，现役部队规模达到 100 万人，号称“世界第四大军事强国”。反观海湾地区各国家，包括沙特在内都是经济富裕但是军事力量孱弱，根本无力抵抗萨达姆可能发动的侵略。伊拉克入侵科威特以后，萨达姆军事冒险的野心更为充分地暴露出来，对此，沙特方面不得不做最坏的打算。基于对萨达姆的了解，沙特国王法赫德曾经说过，“萨达姆一向认为使用武力是最简单、最容易的解决

① ［沙特］哈立德·本·苏尔坦、［英］帕特里克·希尔：《沙漠勇士——联合部队司令对海湾战争的己见》，军事谊文出版社，1996 年版，第 230 页。

问题的方法，正如他这次侵略科威特"，[①] 可以说，对于萨达姆迷信武力的个性，沙特方面基于历史的观察和互动有着清醒的认识。当萨达姆的战争机器已经轰轰作响、伊军已经陈兵边境，任何一个成熟的政治家都必然会认为"我们别无选择"，只能请求外部的援助。伊拉克对沙特以及阿联酋等海湾地区国家造成的严重外部威胁，决定了其只能紧紧团结在美国周围，借助反伊联盟的力量抵抗这一威胁。

同样，对于埃及、叙利亚等中东大国来说，"唇亡齿寒"的道理让其感受到了切身的威胁，萨达姆称霸中东的野心昭然若揭，一旦"养虎为患"，下一个受害者可能就是自己。因此，不管从维护国际准则的道义角度，从消除地区安全威胁的地缘政治角度，还是从争取美国援助的经济角度，维护反伊联盟的团结都是最为合理的选择。

如前所述，伊拉克入侵科威特是对美国及西方国家的严重威胁和挑战。根据 1989 年底的测算，伊拉克石油探明储量占全世界的 9.98%，科威特占 9.43%，伊拉克和科威特分别占全世界石油日产量的 4.58% 和 3.06%。[②] 若伊拉克吞并科威特，将可以控制全球石油探明储量的 20% 和石油日产量的 8% 左右。并且，一旦伊拉克掌控科威特，那么沙特、阿联酋等海湾产油大国将全部置于伊拉克的直接威胁下，世界油库的 65% 将可能落入萨达姆的手中。届时，萨达姆不但实现了地区霸权，还将掌握以美国为首的西方工业国家经济发展的命脉。

---

① 郑达庸：《三进巴格拉：中国外交官亲历海湾战争》，中共党史出版社，2015 年版，第 55 页。

② ［美］《油气杂志》，1989 年年终号；［英］《石油经济学家》，1990 年 5 月号。转引自军事科学院军事历史研究部：《海湾战争全史》，解放军出版社，2000 年版，第 72 页。

另外一层威胁在于，伊拉克严重影响美国谋求全球霸权的计划。中东地区既是全球交通枢纽和咽喉要区，更是世界经济赖以发展的“世界油库”，具有十分重要的战略地位，历来是列强逐鹿、兵家必争之地。谁掌控了中东，谁就掌握了世界地缘咽喉和全球经济命脉。此时苏联已在美苏争霸中逐渐败下阵来，东欧局势正在向着有利于美国实现全球霸权的方向发生决定性变化。当胜利曙光乍现，全球霸主宝座胜利在望之时，萨达姆的野心直接侵犯了美国的巨大战略利益，严重挑战美国建立美国治下的“国际新秩序”的企图。美国决不允许美国霸权的“咽喉”被萨达姆紧紧握住。另一方面，萨达姆也为美国趁机控制海湾提供了良机。

综上所述，伊拉克对以美国为首的西方国家造成的威胁是战略性的，对海湾和中东地区国家的威胁既是安全性的，又是战略性的、政治性的，即反伊联盟成员国认知的外部威胁水平高且对称，因此，反伊联盟介于联盟理想型 I 和 IV 之间，这两种联盟理想型均具有较高的凝聚力水平。从实际表现来看，美国作为联盟的领导者，具有极强的意愿积极介入海湾危机，并借助反伊联盟和联合国的力量，实现自己的战略目的。同时，美国通过娴熟的政治外交运作，有效保证了反伊联盟的团结。各成员国在既无能力也无必要独自应对伊拉克严重威胁的情况下，自然而然选择了接受美国的领导，保证了联盟的高凝聚力。

按照联盟凝聚力模型的分析，伊拉克应该采取的合理反强制战略或者应该是拉拢、安抚沙特等海湾国家，实质性降低沙特等国的安全焦虑，从而将海湾问题限定在阿拉伯国家的范围内予以解决，引发阿拉伯国家对美国驻兵控制海湾地区的担忧，使反伊联盟转化为联盟理想型 III，利用阿拉伯国家在地区问题上与美国的博弈能力从反伊联盟内部形成牵制，造成反伊联盟凝聚力下降。从沙特对美国出兵海湾这一问题的犹豫不决来看，如果不是严重忌惮伊拉克对沙特的进攻，恐怕海湾危机的发展将是另外一个剧本。

或者，伊拉克可以降低“胃口”，一如两伊战争时期美国对伊拉克的战略定位，继续扮演美国在中东地区的可接触性的力量，而主要争取从海湾国家身上获得经济甚至部分领土的补偿，即将反伊联盟转化为联盟理想型 V 或者 VII，降低自身威胁性，以主要争取经济补偿为主，避免反伊联盟形成团结一致的强硬态度。布什政府在海湾危机前，一直耐心保持对伊拉克的接触政策，萨达姆争取美国的支持并不是没有可能。

只不过，萨达姆野心膨胀，一方面玩弄各种手段坚决不从科威特撤军，另一方面萨达姆还一再宣称阿拉伯世界要“均贫富”，攻击沙特等海湾国家的“为富不仁”，造成咄咄逼人的气势。阿拉伯国家“死心塌地”地跟随美国反对伊拉克也就不足为怪。

小　结

如前所述，反伊联盟并不是本书之前提出的标准联盟理想模型，而是介于联盟理想型 I 和 IV 的中间状态，正因为如此，这一案例同时为几种理想型的凝聚力假设提供了例证。

结论一：联盟成员受到的外部威胁高且对称，则联盟成员具有较强的合作动力。在联盟凝聚力模型中，理想型 I 和 IV 被认为是高凝聚力联盟，即不管联盟内部对称性如何，在外部威胁高且对称的情况下，联盟凝聚力较好。在本案例中，作为一个由几十个国家组成的大型联盟，美国仍然能够较好地团结、领导其对伊拉克实施政治制裁、经济封锁、武力威胁和军事打击，充分体现了反伊联盟的高凝聚力。尤其是，面对萨达姆利用阿以矛盾、巴勒斯坦问题、人质问题和生化武器讹诈等多种离间计策时，反伊联盟未出现大的动摇，一直保持了同仇敌忾、团结一致的局面。

结论二：在非对称性联盟中，强国受到的外部威胁水平与联盟凝聚力正相关。非对称联盟的理想型 IV 和 VI 同样被认为具有比较高的凝聚力，两种理想型的共同特征就是联盟中的强国受到了严重的外部威胁。从海湾危机的案例可以看出，非对称性联盟中强国的领导至关重要。美国充分借助和推动联合国的授权，积极争取苏联等重要国家的政策支持，策略性地对以色列进行压制，有力整合和团结了阿拉伯国家的反伊力量，争取了西方盟国的军事和经济支持，由此保证了反伊联盟的有效运作。美国如此费心费力介入海湾危机，显示了其对全球霸权的渴望以及伊拉克对这种霸权前景造成的不可接受的冲击和威胁。

结论三：联盟凝聚力与强制外交战略成败之间存在着复杂的关系。本案例的研究也说明，强制外交战略是一项十分复杂的战略，受众多因素的制约和影响，联盟凝聚力既不是联盟强制成功的充分条件，也不是必要条件。106 个联合国成员国参与对伊制裁和封锁，39 个国家对伊拉克采取军事行动，共陈兵几十万逼迫萨达姆撤军，多国政要和各界人士反复斡旋、沟通，最终都没能迫使萨达姆回心转意。一方面说明了强制外交战略的局限性。强制外交战略高度依赖决策者的认知，这一案例说明即使是赤裸裸的战争威胁也未能改变刚愎自用的萨达姆所怀有的“迷思”，或者是，萨达姆根本就是“不可强制的”，宁肯战败也不投降。强制外交面对这样的决策者恐怕难以发挥作用。另一方面，这一案例也说明联盟凝聚力与强制外交战略成败之间并不存在线性的因果关系。当反伊联盟凝聚力高涨、态度强硬、武力准备充足的时候，萨达姆仍寄希望于通过战争解决问题。所以，问题的关键可能在于如何让迷信武力的萨达姆认识到武力上的巨大差距，认识到美国完全可以接受战争带来的损失。

第五章

第二次摩洛哥危机：三国同盟与三国协约之争(1911)

20世纪初，伴随欧洲帝国主义国家矛盾的激化，欧洲逐渐形成了相互对立的两大军事同盟：由德国、奥匈帝国和意大利组成的三国同盟，和由英国、法国及俄国组成的三国协约。1911年爆发的第二次摩洛哥危机，也称阿加迪尔危机（The Agadir Crisis），是两大军事同盟之间强制与反强制的激烈对抗。危机的爆发体现了两大同盟之间日益僵化的对外政策，而危机的结果，也为第一次世界大战埋下了伏笔。

第一节　第二次摩洛哥危机爆发的背景

从19世纪70年代开始，德国在欧洲大陆的崛起对欧洲的均势政治形成了冲击。及至20世纪初，欧洲均势在逐渐寻找平衡的过程中形成了三国同盟和三国协约两大军事同盟。第二次摩洛哥危机的爆发与第一次摩洛哥危机有着密切的联系，其主要原因是德国对法、英等强国在海外殖民地利益的觊觎，其根本原因是崛起的德国对世界格局的不满和对欧洲乃至世界霸权的争夺。

一、20 世纪初的欧洲同盟局势

20 世纪的第一个十年，欧洲错综复杂的均势逐渐清晰化起来，三国同盟和三国协约之间的对立登上了欧洲的政治舞台。与之相伴随的，是两大同盟之间关系的愈发对立和僵化，欧洲局势愈发紧张。这其中的关键，在于崛起的德国造成了连锁反应。

德国对于欧洲乃至世界的局势并不满意，主要在于现有的局势限制了德国帝国主义发展的空间。1907 年，英俄协约的签署，标志着英、法、俄三国协约正式形成，对此，德国具有深深的忧虑。在德国看来，英、法、俄三国协约在外交力量、经济资源和海陆军力量方面都要超过三国同盟，三国协约有能力阻止德国建筑巴格达铁路，妨碍它的工商业发展，打击它的殖民野心，而且在最尖锐问题上，如阿尔萨斯—洛林、摩洛哥、中东、海军竞赛等，协约国与德国更是处于直接敌对的地位。①

德国与英国在海军竞争方面的互相猜疑和仇视达到了空前的阶段。此时的德国海军日趋强大。1898 年和 1900 年通过的德国海军法案，海军司令蒂尔匹次和德皇为德国的海军奠定了坚实的基础。他们想创立一支舰队，一是保护德国日益扩大的商业和殖民利益，表现新德国的伟大；二是防止在发生战争时被封锁而断绝粮食和物资。最重要的是，他们想在争夺商业和殖民利益时，能有海军替他们在外交上撑腰。德皇认为：别的国家，特别是英国，总是不大理会德国的合法愿望，这都是因为德国没有武力支持它的要求。假使德国有海军，即使比英国小得多，则英国就会

---

① ［美］悉·布·费著，于熙俭译：《第一次世界大战的起源（上册）》，商务印书馆，1959 年版，第 179 页。

宁愿在外交上让步，而不愿冒海上冲突的危险。[①]

英国当然不能听任德国海军的壮大。针对德国的变动，英国开始对本国的舰队进行广泛的调整和改组，并着手在北海建立强大的海军，以便可以随时与德国作战。1907 年召开的第二次海牙和平会议，英国督促讨论限制军备的建议，在德国看来，这是一种想阻挠德国海军发展的计划，想在英国还居于海军优势地位时，防止被德国海军赶上，德国坚持不应把限制军备作为会议的议程之一。[②] 如此一来，英德之间的海军竞赛形成了一个上升的螺旋。德国海军实力的增长，引发了英国保持英国海军强大优势的决心，他们认为保持海军优势对英国的安全和生存是不可少的。

1891 年三国同盟的续订造成了俄国的孤立，在法国和英国的引诱下俄国最终投向了三国协约的怀抱。只不过 1907 年英俄协约的签订，并没有马上对德俄关系产生严重影响。1909 年的波斯尼亚危机，英、法两国以该事件为东方问题为借口，不肯为俄国冒险。最终，俄国不得不向德国支持下的奥地利让步。由此，第二次摩洛哥危机爆发前，俄国对三国协约颇有不满。

两大同盟之间对立的焦点是德法关系，德法对立在摩洛哥的两次引爆，造成了两大同盟之间的猜疑和仇恨的加剧，最终引爆了欧洲这个“火药桶”。

---

① 蒂尔匹次：《德国建成世界强国》，1926 年柏林出版。转引自［美］悉·布·费著，于熙俭译：《第一次世界大战的起源（上册）》，商务印书馆，1959 年版，第 185 页。

② 王绳祖主编：《国际关系史（第 3 卷）：1871—1918》，世界知识出版社，1995 年版，第 361—365 页。

二、第一次摩洛哥危机

摩洛哥的战略地位十分重要，它位于非洲西北部，北靠地中海，西临大西洋，扼守直布罗陀海峡南岸，可以控制大西洋进入地中海的咽喉。同时，摩洛哥矿产丰富，盛产多种具有战略意义的矿产，特别是铁矿资源储量很大。因此，摩洛哥历来成为欧洲列强觊觎和争夺的目标。

法国企图夺取摩洛哥的打算久已有之。从 19 世纪 70 年代起，法国就逐步开始蚕食摩洛哥东南部。从 1900 年至 1904 年，法国先是与意大利和英国达成协议，意、英两国承认法国在摩洛哥的特权地位，接着法国又同西班牙签订了在摩洛哥划分势力范围的条约。此后，法国加紧了其吞并摩洛哥的计划。1904 年至 1905 年初，法国向摩洛哥苏丹提出一套进行全面“改革”的方案，其中包括建立在法国军官控制下的警察部队，成立在法国金融家把持下的国家银行，以及为法国托拉斯谋取修筑铁路和开采矿产的租借权。实现这一方案，无异于使摩洛哥“突尼斯化”，即建立法国对摩洛哥的保护权。①

法国的企图遭到德国的坚决反对。德国一方面也对摩洛哥怀有野心，企图把经济上和战略上都有重要地位的摩洛哥变成自己的势力范围，作为建立大西洋和地中海海上霸权以及成为其向非洲大陆进行殖民扩张的政治、军事基地；另一方面，还企图开采摩洛哥南部丰富的铁矿，以弥补国内铁矿的贫乏。同时，德国还可以借此打击法国，迫使法国做出让步，以削弱三国协约。

---

① 关于第一次摩洛哥危机，参见王绳祖主编：《国际关系史（第 3 卷）：1871—1918》，世界知识出版社，1995 年版，第 341—344 页。

1905 年 3 月 31 日，德皇威廉二世访问摩洛哥的丹吉尔港，并发表对法国公开示威的演说。同年 4 月 11 日，德国宰相毕洛夫向 1880 年《马德里公约》的各签约国提出召开国际会议的建议，要求按照该公约所规定的一切外国在摩洛哥享有平等权利的精神，重新调整各国在摩洛哥的地位。并威胁说，如果法国拒绝这一建议，就有兵戎相见的危险。这就造成了第一次摩洛哥危机。

为了解决危机，1906 年 1 月 16 日至 4 月 7 日，欧美列强在西班牙阿尔黑西拉斯召开国际会议。会上只有奥匈帝国支持德国，英国、俄国、西班牙支持法国，美国也暗中支持法国。会议经过两个多月的讨论，由于形势对德国不利，德国最终未能实现它的目标。在《最后议定书》当中，各国形式上表示“尊重苏丹陛下的主权和独立、他的国土的完整和完全平等的经济自由等三项原则基础上实行改革”，实际上承认了法国在摩洛哥的“特殊利益”。

阿尔黑西拉斯会议挫败了德国的企图，但是德国并不甘心，也不放弃对摩洛哥的野心。1909 年波斯尼亚之争，让德国看到了三国协约的脆弱性。几年后摩洛哥再生变故，从而为德国再次介入摩洛哥问题提供了机会。

第二节　孤掌难鸣：德国再次陷入孤立的窘境

第二次摩洛哥危机中的德国，发现自己陷入了比 1905 年时更为孤立的境地。三国同盟中，曾经在阿尔黑西拉斯会议上支持德国的奥匈帝国，此次危机中基本上采取了置身事外的立场，在某些情况下甚至显露出了被德国牵连的担忧。而另一位盟友意大利，则一如既往地难以依靠。当英国以疑虑和担忧的眼光审视德国在摩洛哥企图时，德国谜一样的表现促使英国不惮以最坏的恶意来解读德国的政策，并最终坚定地站在了法国的身边。

一、驶向阿加迪尔港的“美洲豹”号

阿尔黑西拉斯会议后，法国进一步加紧了对摩洛哥扩张的步伐，但是却激起了摩洛哥各部落起义。1911 年春，起义者包围了摩洛哥首都非斯。在摩洛哥苏丹的要求下，5 月 21 日，法国以恢复秩序和保护侨民为名，派兵 1.5 万人占领非斯和其他一些城市。

法国自然明白派兵必然会引起欧洲列强的连锁反应，在此之前法国进行了一系列外交运作。法国外长让·克鲁皮（Jean Cruppi）向欧洲列强一再保证，法国的行动是被迫的，如果“被迫出兵非斯，法国军队也只会短时间内驻扎在那里，以把摩洛哥苏丹再次扶起来为限。法国的行动没有不可告人的目的。法国将严格遵守阿尔黑西拉斯协议以及其他相关协议，法国不想引发欧洲问题”。①

法国的立场争取到了英国的支持。英国支持法国在万不得已的情况下出兵，但是也建议派兵行动务必谨慎，英国担心法国难以从摩洛哥乱局中抽身。同时，英国外交大臣爱德华·格雷也提醒法国，“我不认为取得德国的同意是不可能的，但是向德国提

① Ima Christina Barlow, *The Agadir Crisis*, US: Archon Books, 1971, p. 192.

供一定的补偿应该是需要的，不过补偿决不能是摩洛哥的任何东西”。① 至于法国的另一位盟友俄国，则表示认可“法国在摩洛哥的行动是正确而且自然的”。②

法国难以捉摸德国的态度，而德国似乎一直有意隐瞒自己的真实意图。4月28日，法国驻柏林大使康邦（Paul Cambon）正式向德国知会了法国出兵非斯的意向。德国外交大臣基德伦（Alfred Kiderlen - Waechter）表示他相信“法国政府的良苦用心”，但是“有时候，事情的发展往往出乎人的意料。因此我必须强调，如果法国军队一直待在非斯，摩洛哥苏丹只有在法国刺刀的帮助下才能保持统治，我们将不再认为苏丹政权符合阿尔黑西拉斯协议，这种情况下我们认为协议应终止，我们将重获自由行动的权利”。③

德国藏着掖着的态度，使法国认为，德国有意借法国出兵问题攫取一定的补偿。法国占领非斯后，6月，康邦受命主动与基德伦和德国首相霍尔维格（Theobald von Bethmann - Hollweg）进行了商谈，试图了解德国的底牌。商谈中，康邦暗示了法国提供补偿的可能性。但是，德国的态度愈发让人捉摸不透，康邦始终难以搞清德国的真实意图。最终，商谈无果而终。④

事实上，此时的基德伦已经决心利用这“最后的机会”为德

---

① Grey to Bertie, June 1, 1911, Br. Docs., Vol. VII, No. 307, cited from Ima Christina Barlow, *The Agadir Crisis*, US: Archon Books, 1971, p. 201.

② Neratov to Schebecko, May 1, 1911, Isvolski, op. cit., Vol. I, No. 65, cited from Ima Christina Barlow, *The Agadir Crisis*, p. 193.

③ Note of Kiderlen, Apr. 28, 1911, G. P., Vol. XXIX, No. 10545; Cambon to Cruppi, Apr. 28, 1911, *Affairs du Maroc*, 1910 - 1912, No. 239, cited from Ima Christina Barlow, *The Agadir Crisis*, p. 194.

④ Ima Christina Barlow, *The Agadir Crisis*, US: Archon Books, 1971, pp. 207 - 214.

国争取应有的地位。早在5月2日，基德伦在提交给德皇和首相的报告中，已经陈述了他如何将法国出兵干涉变成一场德国的胜利的打算。基德伦认为，法国的行为事实上已经意味着阿尔黑西拉斯协议不复存在，包括德国在内的协约方因而重获在摩洛哥自由行动的权利。德国必须利用这种自由行动权来迫使法国做出补偿。基德伦认为合适的“抓手”是阿加迪尔和摩加多尔两个港口。有了这两个“抓手”，德国可以静观其变，直到法国提供满意的补偿。基德伦的这份报告得到了德皇的首肯。[①]

基德伦的副手齐默尔曼（Arthur Zimmermann）在另外一份报告中提出，如果德国（通过派出军舰）在摩洛哥南部获得立足点，法国要么会提供“可以接受的补偿”，要么至少提供给德国摩洛哥南部的一部分，这部分地方的自然和矿产资源能够足以补偿德国因为法国对摩洛哥其余部分的统治而带来的损失。基德伦“完全同意”副手的这份报告。[②]

德国对摩洛哥政策的背后，除了希望攫取殖民利益，还有着复杂的国内政治的考量。第二次摩洛哥危机爆发前后，时值德国国内大选临近，而德国首相面临较大的竞选压力。在霍尔维格当政的18个月内，德国政府在外交领域难觅建树。基德伦在关于摩洛哥政策的报告中写道：“从摩洛哥问题不可避免的清算当中获取实实在在的利益，对我们国内局势的发展具有重要意义。如果任由摩洛哥局势发展，帝国政府将会遭到除了社会民主党以外国内公众舆论的强烈谴责。反之，实实在在的利益可以改变有异

---

① Fritz Fishcer, *War of Illusions: German Policies from* 1911 - 1914, New York: W. W. Norton & Company, 1975, p. 72.

② Fritz Fishcer, *War of Illusions: German Policies from* 1911 - 1914, New York: W. W. Norton & Company, 1975, p. 73.

议选民的看法，将会对即将到来的选举产生绝不是无足轻重的影响。”①

总而言之，在国内方面，德国政府希望塑造一种向俾斯麦式强硬路线回归的形象，以期赢得大选的票箱。对外部世界，德国期望法国会在这种强硬路线的压力下做出让步。事实上，基德伦认为，这次事件不仅是德国攫取殖民地的绝佳机会，也可以说是德国能够不战而获的“最后机遇”。② 基德伦自然不肯放过这一机会，在德皇和首相的同意下，1911 年 7 月 1 日，德国炮舰“美洲豹”号抵达了摩洛哥阿加迪尔港，并将炮口对准该城，第二次摩洛哥危机爆发。这天早晨，德国通知法国及其他大国，在摩洛哥南部的德国行商们因为近来（摩洛哥）土人方面的骚乱，感到惊恐不安，要求保护他们的生命财产，因此德国政府派遣了一艘军舰前往阿加迪尔港，等摩洛哥局势恢复平静时，当即撤退。③

德国的理由看似充分，实则荒谬。阿加迪尔港是个封闭的港口，德国并无权涉足此地。在阿加迪尔港所在的苏斯山谷地区，只有三个德国人，阿加迪尔港更是一个都没有。④ 关于德国为什么选择在阿加迪尔港而不是在德国利益涉足较深的摩加多尔港向法国发难，目前还不得而知，有多种争论。⑤ 但是，德国的这一选择至少有两大优势，一是阿加迪尔港尽管战略地位重要，但是

---

① Fritz Fishcer, *War of Illusions: German Policies from* 1911 – 1914, New York: W. W. Norton & Company, 1975, p. 74.

② First resignation petition of Kiderlen's, July 17, 1911, in Jackh, *op. cit.*, Vol. II, p. 129, cited from Ima Christina Barlow, *The Agadir Crisis*, p. 391.

③ ［美］悉·布·费著，于熙俭译：《第一次世界大战的起源（上册）》，商务印书馆，1959 年版，第 225 页。

④ Ima Christina Barlow, *The Agadir Crisis*, p. 231.

⑤ Ima Christina Barlow, *The Agadir Crisis*, pp. 231 – 232.

是一个封闭港口，各大国在此的利益涉及很少。在此挑起争端，可以避免意外擦枪走火。二是通过在这样一个德国人罕至的地方宣称要保护德国侨民，这种荒谬的借口更为清楚地向法国传递一个信号，德国的真正目的并不在于此。

二、德国“逐渐拧紧螺丝”下英法的联合反制

德国通过武力的展示向法国发出了一种威胁的信号，正因为没有人相信德国所宣称的目的，因此这种信号的威胁性自然而然被对象国所接收。这种威胁构成了一种“默示的强制”，它没有针对法国出兵非斯这一行为提出具体的要求，但是对象国都清楚这一信号背后的强制性目的，如果不能满足德国的某些条件，它将不惮于使用武力来达成自己的目的。德国采用这种“默示的强制”，恐怕是不想暴露自己的价码。这一强制体现了外交中讨价还价的技巧，为了保持先手，一方往往希望引诱对方首先开出价码，暴露自己的心理预期。德国的这一做法，在危机进程的进一步发展中体现的更加明显。

法国对德国的做法大为吃惊，因为就在几天前康邦和基德伦会谈时，基德伦的表现让法国觉得德国愿意通过谈判来解决问题。法国部长会议主席卡约（Joseph Caillaux）希望能与德国谈判，危机爆发后，他马上向德国驻柏林大使舍恩（Schoen W. E.）表达了这一意愿，但是他同时警告“如果德国军队在阿加迪尔登陆或者派出更多军舰，那么法国舆论的激发将使得法国政府很难跟德国谈判”。[①]

① Schoen to Bethmann Hollweg, July 3, 1911, *G. P.*, Vol. XXIX, No. 10586, cited from Ima Christina Barlow, *The Agadir Crisis*, p. 240.

与此同时，法国开始寻求盟友的支持。法国外长塞尔夫斯同意康邦的建议，即法国也向阿加迪尔港派出一艘军舰，法国希望英国能够加入这一行动。此时的英国对德国背后的目的也难以推测，充满了深深的猜疑。英国担心非洲大西洋海岸出现一个德国海军基地将对英国海运安全造成严重威胁，尤其是德国在马德拉和加纳利群岛的活动，以及从南美和南非的给养运送路线与贸易路线都在这些水域汇合和经过。英国深感不安。[①] 7 月 5 日英国内阁开会讨论摩洛哥问题，随后英国外务大臣爱德华·格雷告知法国方面，英国内阁拒绝向摩洛哥派出军舰的建议。但同时格雷表示，英国将会遵守英法协约的责任，他建议摩洛哥问题可由法国、德国、西班牙和英国协商解决，但绝对不能将英国排除在外。作为摩洛哥问题的直接相关方，是否采用这一方法由法国决定，他希望法国向英国提出基于法国利益的合理可行的解决方法。[②] 与此同时，格雷也警告德国，英国政府不能对摩洛哥问题漠然置之，在弄清德国意图之前，英国必须持保留态度。他说，由于德国派遣军舰造成了一种新的情势，将来的发展可能比过去任何时期更直接影响英国的利益，因此我们不能承认没有我们参加的任何的新协定。[③] 由此可见，英国对法国持支持的立场，但这一立场背后有着各种担心：一是法国过于强硬的回应可能给德国进一步行动提供口实，二是法德之间背着英国做出有损英国利益的勾当，三是决不能让德国在摩洛哥获得殖民地，这将严重影

① ［英］温斯顿·丘吉尔著，吴良健译：《第一次世界大战回忆录（一）：世界危机（1911—1914）》，青岛出版社，2014 年版，第 27—28 页。

② Ima Christina Barlow, *The Agadir Crisis*, pp. 243 - 244.

③ ［美］悉·布·费著，于熙俭译：《第一次世界大战的起源（上册）》，商务印书馆，1959 年版，第 226 页；［英］温斯顿·丘吉尔著，吴良健译：《第一次世界大战回忆录（一）：世界危机（1911—1914）》，青岛出版社，2014 年版，第 28 页。

响英国的海上安全和英国在非洲的殖民利益。

相比英国的支持，俄国更多表现出了置身事外的冷漠态度。波斯尼亚危机中，法国给予俄国的微弱支持和英国对俄国政策的反对，让俄国国内亲德情绪不断增长。这进一步导致了 1910 年俄国和德国的波茨坦会议以及相关协议的讨论和签署。第二次摩洛哥危机爆发之时，俄德之间正就波茨坦协议进行协商，此时两国的关系比较融洽。此时的俄国代理外交部长涅拉多夫（Neratov A. A.）表面上表示对法国的支持，但实际上，整个危机中俄国的支持始终严格限定在俄法协约文字条款内。俄国既不愿意为了法国影响正在与德国进行的波茨坦协议的签署，更不想惹祸上身，被盟友拖入任何战争。俄国驻柏林大使在 7 月 5 日与基德伦的见面中甚至表示，俄国关心摩洛哥的唯一原因是这一问题可能会导致俄国被盟约规定拖到冲突的苦难中去。法国驻圣彼得堡大使路易斯也认为，想要俄国像英国一样支持法国是很困难的，英国在摩洛哥牵涉实际的利益，俄国不太可能仅仅出于法国盟友的身份介入摩洛哥问题。但是，另一方面，这不影响俄国保持对法国现有程度的支持。[①] 总之，俄国在摩洛哥问题上基本是一种置身事外的推诿态度。

法国在外交方面争取到盟友支持之后，7 月 9 日，康邦和基德伦开始了第二次摩洛哥危机爆发后的首次谈判。经过几天的谈判较量，法国坚持的谈判底线是决不能允许德国在摩洛哥取得殖民地，因为这会造成英国的坚决反对，但是可以在法属刚果和多哥向德国提供补偿。德国一开始不肯轻易透露自己的要价，在逐步摸到法国底牌后，7 月 15 日，基德伦终于狮子大开口，提出

---

① Ima Christina Barlow, *The Agadir Crisis*, pp. 245 - 248.

要求法国割让整个法属刚果作为赔偿。德国胃口之大，出乎法国的意料，谈判破裂。7 月 17 日，一向持有亲德立场的法国部长会议主席卡约表示拒绝德国的要求。①

基德伦的胃口不仅吓到了法国，同时也让德皇十分吃惊。德皇害怕德国强硬的立场招致英国的干涉，进而导致战争。基德伦则认为必须通过"战争边缘"策略来迫使法国让步。为了逼德皇同意他的计划，基德伦两次提交辞呈。在辞呈中，基德伦表示，"法国只有在确信我们为达到目的已经做好了最终准备的情况下才会开出可以让人接受的价码。我们如果不能证明这一点，我们从摩洛哥的退出将不会获得等价的补偿，我们也难以向德国民众交代。我们必须获得整个法属刚果——这是我们不必拿起武器而能够从非洲大陆得到有用之地的最后机会。一点点带着橡胶和象牙的刚果领地对我们没有任何用处。我们必须扩展到比利时刚果，通过它与我们的非洲东部相连接。我们必须坚定决心，除此以外的任何妥协对我们均意味着失败。"基德伦认为，"法国不敢应战，前提是他们得到我们已经做好最终准备的印象"，"如果我们跟法国不能达成令人满意的安排，将会对我们的内政和外交产生难以复原的伤害。预先宣布放弃打仗的那一方，永远达不到政治上的目标"。② 基德伦的立场得到了首相霍尔维格的全力支持，他向德皇表示，如果基德伦辞职，那么他也将会辞职。德皇无奈之下只能让步。

但是，基德伦的胃口严重恶化了英国对德国企图的判断。从 7 月 5 日格雷向德国发出警告之后，英国一直在等待德国的答

---

① 康邦和基德伦的谈判过程，参见 Ima Christina Barlow，*The Agadir Crisis*，pp. 255 – 259。

② Fritz Fishcer，*War of Illusions*：*German Policies from* 1911 – 1914，p. 76 – 77.

复。但是从7月5日至7月21日长达两周多的时间里，德国一直对英国的警告置之不理。与此同时，英国和法国之间一直保持密切接触。7月9日基德伦—康邦会谈开始以后，法国及时将谈判进展告知英国方面。这时候，英国却出现了一些变化。尽管格雷的副手尼克尔森（Arthur Nicolson）和英国外交部德国政策顾问克罗（Eyre Crowe）主张坚决支持法国。但是格雷的立场有些并不坚决。格雷不愿意被法国牵连，格雷担心法国将阻止德国进入摩洛哥的重任全部放在英国身上。格雷认为，英国决不能允许德国获得地中海的港口，但是与尼克尔森和克罗不同，他认为德国在西非海岸获得港口从英国来看并不是至关重要的。因为只要英国保持强大的海军力量，德国就很难将西非海岸港口军事化。法国对格雷立场的变化非常担忧。①

最终在7月15日基德伦的要价帮助法国打消了对英国的担心。法国有意向英国隐瞒了基德伦—康邦会谈中提到的多哥选项，仅仅将德国希望攫取整个法属刚果的企图告知了英国。德国的胃口引起了英国立场的强硬化。一方面，英国知道德国的野心将很有可能导致德法谈判的破裂，而一旦德法发生武力冲突，将对英国的利益和欧洲的局势造成严重威胁。另一方面，英国也担心如果法国得不到英国足够的支持，可能转而背着英国与德国达成不利于英国的妥协。格雷的两大谋士克罗和尼克尔森，都对德国的企图高度警觉。克罗认为，德国在争取最大的利益，不管他们的要求是在刚果或者摩洛哥得到满足，均意味着法国的屈服。法国的失败会对英国产生根本性的影响。尼克尔森认为，“一旦法国不再信任我们，它会背着我们与德国妥协，德国会马上看出

① Ima Christina Barlow, *The Agadir Crisis*, pp. 280 - 281.

我们的犹豫，从而向法国施加更大的压力。法国绝不会原谅我们的背叛，三国协约将会解体。这意味着我们将面临一个胜利的德国、不友好的法国和俄国，我们自1904年以来可以保持的均衡和由此带来的和平将会遭到破坏。”①

德国关于基德伦—康邦会谈的报告在7月24日才送达英国手上，但为时已晚。英国的政策在7月21日发生了重大变化。德国对英国警告的沉默和法国对德国野心的描述，不仅激起了英国政府内部对德强硬派的反应，甚至连主和派也坐不住了。时任英国内政大臣的丘吉尔回忆说，“7月21日早上，当我在内阁开会前拜访他时，我发觉他（英国财政大臣劳合·乔治）变成了另一个人。他已下定决心。他十分清楚地看到要走的道路。他知道要做什么以及在什么时候该怎样去做。他对我说话的要旨是我们正滑向战争。他详细谈论我们所关心的德国的令人压抑的沉默。他指出，德国目前的行为，近于将英国看成一个无足轻重的国家；德国完全忽视我们强大的形象；德国继续对法国施加最严厉的压力；灾难可能随即发生；要避免这场灾难，我们必须斩钉截铁地说话，我们必须立刻就说。他告诉我，当天晚上他要出席一年一度的银行家晚餐会并对他们发表讲话。他想要清楚地告诉他们，如果德国想打仗，他会发现英国将成为它的劲敌。他让我看他准备的讲稿，并且告诉我，内阁会议后他要把讲稿让首相和格雷爵士过目。”②

最终，在英国首相和外交大臣的支持下，7月21日晚，劳合在伦敦市长官邸，公开发表了如下的声明：“如果维持和平的代

① Fritz Fishcer, *War of Illusions: German Policies from* 1911 – 1914, pp. 78 – 79.

② ［英］温斯顿·丘吉尔著，吴良健译：《第一次世界大战回忆录（一）：世界危机（1911—1914）》，青岛出版社，2014年版，第30页。

价是：英国放弃几世纪英勇奋斗所赢得的伟大和有利地位，要英国在她利益攸关的地方任人摆布，似乎英国在国际会议上无足轻重；如果强加给我们的是如此局势，那么我要明确地说，以这样代价换来的和平，对我们这样的大国将是一种难以忍受的侮辱。”劳合的演说让各国大吃一惊，对德国更是有如惊雷。德国一直认为，劳合是主和派的领袖，英国政府的行动将是中立的。但是现在德国的观点一下子从一个极端跳到另一个极端，他们猜测劳合作为温和派的财政大臣发表这样一项演讲，是英国政府有意为之，这显示了英国内阁是绝对团结一致的。[①]

英国的威胁让欧洲局势顿时紧张起来，英德之间的关系进入了敏感易被触发的境地。英国也在为最坏的情况做着准备。内政大臣丘吉尔开始调查和修补容易遭受攻击的要害部门。陆海军研究了德国可能采取的军事行动，并为此开始做充分的准备。[②] 至此，英国终于从后台走向了前台，英法的联合成为决定整个事件后续发展的重要因素。

三、德国的孤立与让步

英法的团结一致大大出乎德国的意料，面对英国的威胁，德国马上通知英国，德国并没有在摩洛哥的大西洋海岸立足的意图，而这正是格雷所特别担心的。只不过德国的这一澄清已经来得太晚，劳合的讲话已经开始对局势产生作用。英国的威胁对本

① ［英］温斯顿·丘吉尔著，吴良健译：《第一次世界大战回忆录（一）：世界危机（1911—1914）》，青岛出版社，2014 年版，第 32 页。

② ［英］温斯顿·丘吉尔著，吴良健译：《第一次世界大战回忆录（一）：世界危机（1911—1914）》，青岛出版社，2014 年版，第 33—45 页。

来就惶恐不安的德皇产生了非常大影响。危机开始之前，德皇就担心英国的干预，他不想与英国发生战争。除去德国的海军准备不足之外，联盟问题也是德国政策的主要掣肘。①

在阿尔黑西拉斯会议上，德国在摩洛哥的要求只得到了奥匈帝国一个国家的支持。而几年后，德国发现，自己成为了彻底的“孤家寡人”。7 月 1 日，德国曾在第一时间将向阿加迪尔派驻军舰的行动告知奥匈，并且期望得到奥匈的支持。但是，奥匈帝国政府外相艾伦塔尔（Alois Lexa Graf von Aehrenthal）对此回答说，奥匈帝国关心的仅仅是保证摩洛哥的门户开放，在不了解德国要求的情况下，不能保证提供无条件的支持。摩洛哥问题对奥匈来说是非常次要的，因此奥匈仅仅会保持留在二线。除此之外，他还抱怨德国在巴尔干问题上对奥匈帮助有限。不仅如此，艾伦塔尔还放纵奥地利媒体对德国政策的贬斥，并允许匈牙利总理在对议会的讲话中公然宣称“三国同盟没有将奥地利绑在摩洛哥”。法国政府甚至对奥匈帝国的立场公开表示欣赏。除了避免被德国牵连的考虑，奥匈帝国特别希望维护法国金融市场对自己的开放，从而保证奥匈帝国在巴尔干利益的推进。而另一位盟友意大利，一如既往令德国失望。意大利在对德国的官方问询中回答，意大利和法国之间的条约限制了其对法国在摩洛哥行动的反对。②

当英法团结起来时，德国政府不得不认识到，德国将同时面对欧洲两大强国的压力，而自己处于孤立无援的境地。这一境地让德皇倾向于对法让步，但是基德伦却仍旧要保持强硬路线，甚至不惜计划战争的威胁。而此时德国国内爆发的金融危机，最终

① Fritz Fishcer, *War of Illusions*: *German Policies from* 1911 – 1914, pp. 84 – 86.

② Ima Christina Barlow, *The Agadir Crisis*, pp. 249 – 250; Fritz Fishcer, *War of Illusions*: *German Policies from* 1911 – 1914, pp. 84 – 86.

给了基德伦沉重一击。此时的欧洲金融业，处于法国的控制之下。第二次摩洛哥危机爆发后，法国的银行家逐渐开始收回其在德国的资金，导致德国银行准备金减少，提款潮出现。德国股票债券全面下跌。在此情况下，法国银行家站在了德皇一方，国内政治的局势已经不允许基德伦再采取“战争边缘策略”。

最终，德法之间经过四个月漫长而困难的交涉，终于在1911年11月4日签订了一项协定。根据这项协定，德国实际上承认了法国所渴望的对于摩洛哥的保护权，法国则在法属刚果方面将十余万平方英里面积的土地割让给德国，给予了德国两处在刚果的河道，以便喀麦隆物产的出口。为了表面上好像是互相交换领土，以免法国政府因为这个协定受到本国舆论的责难，德国以一喀麦隆查得湖东的价值不大的狭长小块名叫“鸭嘴岬”的地方让与法国。①

第二次摩洛哥危机最终和平解决，但是它对欧洲国际局势造成了重要的影响。首先，它增加了英德两国政府之间的摩擦，使英国加强了对德国的戒备。一方面德国因为英国对法国的支持而对英国产生了怨恨。德国的报刊、政府官员乃至德皇均因此恼恨英国，在多方作用下，德国政策越发强硬，积极加强海军和陆军军备，做好与三国协约开战的准备。英国也意识到德国是危险的敌人，自危机发生以后，加紧了反德宣传，借口存在对德作战的危险，不断增加军费，扩军备战。②

其次，进一步密切了三国协约的关系。英法关系由于在危机

---

① ［美］悉·布·费著，于熙俭译：《第一次世界大战的起源（上册）》，商务印书馆，1959年版，第229页。

② 王绳祖主编：《国际关系史（第3卷）：1871—1918》，世界知识出版社，1995年版，第376—378页。

中团结一致的表现而进一步提升。而危机中俄国对于法国殖民利益不太热心的支持，让俄国和法国政府都看到了两国关系中存在的问题。1911 年以后，两国政府之间加强了相互协作，法俄同盟关系得到了加强。

最后，此次危机成为第一次世界大战爆发的主要原因之一。此次危机进一步加剧了欧洲两大军事集团的对立，挤压了欧洲传统外交灵活运作的空间，大国之间的政策日趋僵化。德国各方面从此表现出了一种决心，即如果危机再次发生，德国务必有充分的准备，绝不退步，以一举恢复德国之威望。第一次世界大战让德国看到了这一机会。[①]

第三节　联盟情境下的“最优解”困境：第二次摩洛哥危机的启示

三国同盟中的德国，未能争取到盟友支持来实现自己的目的，只能依靠一己之力来实施强制外交战略。但是，德国采用的强制策略，尽管针对法国单个国家来说可能是最优的博弈策略，但是放置在英法联盟的情境下，这一策略造成了英国对德国意图做出了最坏的揣测，引起英国对德国威胁认知的上升，最终选择坚定地站在法国旁边，维护三国协约的团结一致。这一案例说明了针对联盟实施强制的复杂性。

① 周鲠生：《近代欧洲外交史》，武汉大学出版社，2007 年版，第 203 页。

一、德国强制外交的得失

德国通过派出军舰这种武力展示的方法，向法国发出了强制威胁的信号，但是德国并没有给这一信号附加上具体的强制要求。德国是想强制法国撤出非斯的军队，还是想占领摩洛哥的部分区域，亦或是想让法国提供利益的补偿，并没有明示，而似乎是一种“默示的强制”策略。从德国整个强制外交运作过程分析，基德伦的这一策略似乎是精心设计。

基德伦将第二次摩洛哥危机视为不动用武力而攫取殖民利益的最后机会，这一定位使得基德伦试图采取外交策略上的冒险主义来最大化地攫取利益，这一策略的具体表现就是强制外交下的战争边缘策略。但是，“最大化的”边界在哪里？在无法确定“最大化”边界的情况下，保持真实意图的模糊性就具有了重要的意义。当双方都摸不清对方底牌的时候，首先要价的一方将会处于被动的地位。因此基德伦实际上采用了“逐渐拧紧螺丝”的强制外交变体。他首先通过一种“默示的强制”来威胁法国主动做出表示，亮出底牌。然后德国狮子大开口，提出一个高得难以让对方接受的要价。如果对方屈服，就进一步施加压力，争取更多的利益。如果对方拒绝，就将冲突升至“战争边缘”，考验对手的决心。针对法国设计的这一策略，似乎是基德伦认为的能够最大限度压榨法国的“最优解”。但是，当这一最优解放置到英法联盟的情境下，却遭遇了严重的困境。

英国政府内部并非铁板一块，外交大臣格雷尤其犹豫不决。格雷虽然坚持对三国协约的维护，但是也有被法国牵连的担忧，同时又害怕德法背着英国私下做出安排。7 月 5 日格雷的警告发出后，英国一直都在等待德国的回复。这期间格雷还通过外交渠道试图打探德国的真实意图，但是都没有结果。[①] 在事后格雷向议会做出的解释中，他说到根据当时英国外交部和各方面传来的消息判断，德国的目标是要在“没有英国参与下的对摩洛哥的瓜分”。至于后来从法国人的口中得知德国想要整个法属刚果的时候，他担心，德国人提出的要求法国根本不可能答应，这要么造成法德的武装冲突，从而把英国拉下水，要么造成德国和法国私下里对摩洛哥的瓜分，这两种结果都将严重威胁英国的核心利益。[②] 虽然德国并没有针对英国采取什么行动，但是德国的沉默造成了英国对于其将给国际局势、三国协约关系和英国利益带来的严重威胁做了最坏的估计。同时，法国也利用了英国在此事件上的信息不对称性，故意隐瞒部分事实，造成英国对德国企图的恶意。它还利用了英国被抛弃的担忧，给英国造成如果法国得不到足够支持，德法的私下妥协可能无法避免的印象。综合各种因素，英国对德国威胁性的严重认知，促成了英法的凝聚。

从7月5日格雷向德国发出警告，一直到7月21日劳合决定发表对德演说，在这长达两个多星期的时间里，德国一直对英国的警告置之不理，也没有向英国主动澄清自己的真实意图。如前所述，英国对于法国的支持并非没有顾虑，英国对于德国威胁到了自己核心利益的认知是在危机过程中逐步建立的，这一认知的建立大部分要归功于德国成谜的意图和过高的要价，另外法国的对英国忧虑的利用也起到了一定作用。德国为什么对英国的担忧置之不理？目前还不得而知。但是基德伦确实对联盟环境下的复杂效应估计不足。基德伦没有向英国澄清自己的真实目的，可能

---

① Ima Christina Barlow, *The Agadir Crisis*, pp. 292 – 295.

② Ima Christina Barlow, *The Agadir Crisis*, pp. 292.

是不愿英国将自己的底牌透露给法国，造成策略上的被动。但是，德国拒绝发出清晰和明确的强制信号，就没有办法主动投射出自己期望对手产生的意象。

从结果来看，德国通过强制外交获得了部分利益。我们没有办法假设德国不通过强制的方式而仅仅通过谈判是否能够争取到同样利益，但是有一点是肯定的，最后的结果距离德国“满意的”和“可以接受的”目标相距甚远。德国既没能在摩洛哥南部立足，也没能实现基德伦获取整个法属刚果的目标。从这个角度来判断，德国的强制外交并不算成功。但第二次摩洛哥危机进一步密切了英法的合作，恶化了英德关系，为第一次世界大战埋下了火种，如果从国际局势的角度来看，德国在此次危机中似乎得不偿失。

二、英法联盟的凝聚力分析

第二次摩洛哥危机中的英法联盟是一种介于联盟理想型 I 和联盟理想型 III 的中间类型联盟。从联盟内部结构来看，这一联盟基本对称；从外部威胁来看，德国对英法的威胁程度有所差别。法国受到的威胁水平比较高。第一次摩洛哥危机确立了法国在摩洛哥拥有的特殊利益和势力范围，借助摩洛哥内部乱局，法国可以进一步实现对摩洛哥的全面控制。德国的要求无疑打翻了法国的算盘，甚至还要求法国让出在此之前已经在摩洛哥的获利。法国并不希望跟德国发生战争，对德国的适当补偿本也在法国的计划之内。但是德国过高的要价已经涉及到了对法国国家声誉、国际地位和国家利益的重大威胁，作为欧洲强国，法国自然难以接受德国的条件。

德国在摩洛哥问题上的适当要价，本可以并不严重威胁到英国的国家利益。德国理想的策略是减轻对英国的威胁，减少英国因为不确定性对德国产生的敌意，使英法联盟进入到联盟理想型III的凝聚力水平，即威胁水平的不对称令英国主要担心被法国牵连。但是德国巨大的野心和在强制外交运作上的失误，逐渐让英国对德国建立起了危险敌人的意象，认为德国对英国的核心利益构成了威胁。这一意象最终成为英法凝聚力的来源。

小　结

本案例验证了关于对称性联盟，即联盟理想型I、II和III的凝聚力水平假设。第二次摩洛哥危机中，三国协约较为符合联盟理想型III的定义，由英、法、俄组成的三国协约，其内部结构基本对称。但是在摩洛哥问题上，三国对德国威胁的认知并不一致。如前所述，法国受到的威胁水平比较高，而英国次之。俄国在危机过程中基本上是一种推诿的态度，这与德国在摩洛哥的行动对俄国并不产生威胁有关。俄国并不想被英法牵连。整个联盟结构的对称性，决定法国除了道义上的争取外，在实际问题上很难争取俄国的支持。因此，从整个三国协约来看，联盟凝聚力并不高，俄国并没有支持英法，这符合前文对联盟理想型III的假设。但是从英法两国来说，英法联盟更介于联盟理想型III与联盟理想型I，随着英法对德国威胁程度认识的加重，英法联盟逐渐过渡到联盟理想型I，高度且对称的外部威胁将两国凝聚到一起。

三国同盟较为符合联盟理想型 II 的定义。法国在摩洛哥的行动，实际并未威胁到三国同盟的根本利益，这也是法国对德国激烈反应深感意外的原因。只不过，法国的行为为德国实现其扩张野心提供了难得的机会，德国试图险中求胜，通过强制外交这种风险性比较大的战略最大限度迫使法国割让利益。从奥匈帝国和意大利的角度看，德国的这种行为无异于为了一己私利而将整个联盟陷入危险的境地。意大利和奥匈帝国无意染指摩洛哥，法国在摩洛哥的行为也没有对它们产生什么威胁。因此，意大利和奥匈帝国不愿为了德国火中取栗，而是尽可能推卸掉可能承担的联盟责任。从联盟内部较为均衡的结构来看，德国的实力也不足以对意大利和奥匈帝国形成有效的约束，因此也就难以借助三国同盟的力量实现自己的目的。

本案例中德国强制的失败说明了外交策略在强制外交战略中的重要作用。英法联盟是一种介于联盟理想型 I 和联盟理想型 III 的中间类型联盟，德国有利的策略本应该是减轻对英国的压力，造成英法联盟外部威胁的不对称，使英法联盟变成凝聚力水平较低的联盟理想型 III。但是，德国对英法联盟凝聚力水平的估计不足，采用了“默示的强制”策略，为了最大化地从法国身上榨取利益，故意隐瞒真实意图，也未对英国的担忧和关切及时做出回应。当英国认为德国已经威胁到自己根本利益的时候，英法联盟进入了联盟理想型 I 这一高凝聚力水平的类型。

本案例说明了不合理信号在传达信息中的重要作用。没有人会相信德国派出军舰是为了保护德国人的安全，因为阿加迪尔周围只有三个德国人。这种不合理性不能不引起对手对于信号发出方真实意图的揣测。劳合在伦敦市长官邸的演讲本不是英国方面的精心设计，更多是劳合本人自发的行为。但是由一位财政大臣发表关于外交事务的宣言，而且这位大臣还被公认为英国政府内的温和派，这种出乎意料的不合理性给德国造成了强烈的意象，即劳合是英国精心挑选的，英国政府内部此时已经达成了完全的一致。英法团结一致的意象强烈地动摇了德国方面的信心，最终对危机的解决产生了具有决定性作用的影响。英法联盟反强制的成功也说明了高水平的联盟凝聚力对联盟强制战略运作产生的积极影响。

结　论

本书通过两个案例的验证，支持了所构建的联盟凝聚力模型的部分假设，并进一步检验了联盟凝聚力对强制外交战略的影响。

一、关于联盟凝聚力

需要指出的是，本书所构建的联盟凝聚力模型，其适用范围是联盟实施强制或者反强制的情况。在此基础上，本书的研究得出了下列结论：

首先，联盟成员受到的外部威胁高且对称，则联盟凝聚力水平较高。在联盟凝聚力模型中，理想型 I 和 IV 被认为是高凝聚力联盟，即不管联盟内部对称性如何，在外部威胁高且对称的情况下，联盟凝聚力较好。

海湾危机中的反伊联盟介于联盟理想型 I 和 IV 的中间状态。从内部结构看，尽管反伊联盟由几十个国家组成，但是可以简化为以美国为首的西方国家联盟加上以沙特为首的阿拉伯国家联盟的组合，并进一步抽象为美国和沙特两个国家的联盟。从实力上来看，这是一个非对称性联盟，美国自然是毫无疑问的领导者。如前所述，这个联盟又具有对称性联盟的特征，因为在海湾危机问题上，没有沙特支持的美国军事计划难以实施，沙特事实上拥有了一定程度对联盟政策的“否决权”。但是，沙特并没有动机和意愿左右美国的政策，而是宁愿接受美国的领导，伊拉克造成的巨大安全性和战略性威胁，令沙特“别无选择”。同样，伊拉克对美国全球战略的严重威胁，为美国组织反伊联盟提供了充足的动机和动力。由此，反伊联盟自始至终保持了高水平的凝聚力。

第二次摩洛哥危机中的英法联盟是一种介于联盟理想型 I 和联盟理想型 III 的中间类型联盟。从联盟内部结构来看，这一联盟基本对称；从外部威胁来看，德国对英法的威胁程度有所差别。法国受到的威胁水平比较高。德国最大化地榨取法国让步，其过高的要价已经涉及到了对法国国家声誉、国际地位和国家利益的严重威胁，作为欧洲强国，法国自然难以接受德国的条件。摩洛哥问题也牵涉到英国的利益，但是相较法国为弱。只不过德国巨大的野心和在强制外交运作上的失误，最终让英国对德国建立起了危险敌人的意象，认为德国对英国的核心利益构成了威胁。随着英法对德国威胁程度认识的加重，英法联盟逐渐过渡到联盟理想型 I，高度且对称的外部威胁将两国凝聚到一起。

其次，当对称性联盟中成员受到的外部威胁水平比较低或者严重不对称，则联盟凝聚力水平较低。联盟理想型 II 和 III 被认为是低凝聚力联盟。这两类联盟中受威胁低的盟员害怕受到牵连，离心力比较大，而盟员实力的相对接近决定了这种离心力往往难以受到其他盟员的有效约束和控制。

第二次摩洛哥危机中的三国同盟较为符合联盟理想型 II 的定义。法国在摩洛哥的行动，实际并未威胁到三国同盟的根本利益。只不过法国的行为为德国实现其扩张野心提供了难得的机会，德国试图通过进攻性运用强制外交战略来最大限度迫使法国割让利益。从奥匈帝国和意大利的角度看，德国的这种行为无异于为了一己私利而将整个联盟陷入危险的境地。意大利和奥匈帝国无意染指摩洛哥，法国在摩洛哥的行为也没有对它们产生什么威胁。因此，意大利和奥匈帝国不愿为了德国火中取栗，而是尽可能推卸掉可能承担的联盟责任。从联盟内部较为均衡的结构来看，德国的实力也不足以对意大利和奥匈帝国形成有效的约束，以此也就难以借助三国同盟的力量实现自己的目的。

这一案例中的三国协约较为符合联盟理想型 III 的定义。如果从整个三国协约角度来分析，联盟凝聚力并不高，俄国并没有支持英法的行动，这符合对联盟理想型 III 的假设。俄国在危机过程中基本上是一种推诿的态度，这与德国在摩洛哥的行动对俄国并不产生威胁有关。俄国并不想被英法牵连。整个联盟结构的对称性，决定法国除了道义上的争取外，在实际问题上很难争取俄国的支持。

再次，非对称性联盟中强国受到的外部威胁水平与联盟凝聚力正相关。强国由于受到了严重的外部威胁，因而具有强烈的领导意愿。强国能够通过强大的资源调动能力和约束控制能力来维持联盟的凝聚。

从海湾危机的案例可以看出，非对称性联盟中强国的领导至关重要。美国充分借助和推动联合国的授权，积极争取苏联等重要国家的政策支持，策略性地对以色列进行压制，有力整合和团结了阿拉伯国家的反伊力量，争取了西方盟国的军事和经济支持，由此保证了反伊联盟的有效运作。美国如此费心费力介入海湾危机，显示了其对全球霸权的渴望以及伊拉克对这种霸权前景造成的不可接受的冲击和威胁。

二、关于联盟凝聚力对强制外交的影响

（一）低凝聚力不利于联盟实施强制外交战略的成功

低凝聚力联盟难以对对手施加压力。联盟成员在强制的目标、要求和手段上存在诸多分歧，受制于联盟内协调的困难，联盟成员往往只能采取单独行动或者取最大公约数，因此低成本的、克制的、不容易引起局势恶化的强制策略经常更多被采用，如“走一步看一步”策略、试探性策略。这类强制策略虽然更容易被联盟成员接受，但是难以对对手施加压力，容易引起不服从或者反制。在第二次摩洛哥危机中，英国一开始采取了“走一步看一步”策略，它既要先表现出对法国支持的态度，但是又非常克制，而俄国则更加保持了置身事外的态度。三国协约的分歧无异于在鼓励德国进一步对法国进行“讹诈”，最终是德国巨大的野心和在强制外交运作上的失误，才让英国决心全力支持法国对德国施加巨大压力。

（二）高凝聚力有利于联盟实施强制外交战略的成功

首先，高凝聚力联盟更加容易控制威胁信号的一致性和协同性。联盟凝聚力高不代表盟友之间没有分歧，事实上，没有任何两个盟友之间的目标是完全一致的。只不过，联盟凝聚力高，联盟成员之间就强制目标、手段和策略等的分歧更容易得到有效管控，减少其对威胁可信性的损害。海湾危机中，法国尽管一直与美国政策保持距离，甚至在联合国大会上提出有违美国的全面解决中东问题的四点建议，但是法国坚决支持美国在联合国框架下

的行动，并且赞成对伊拉克动武的678号决议。法国与美国在关键和核心问题上保持了一致。

其次，高凝聚力联盟更容易为威胁信号投入较高的成本，而高成本信号相较低成本信号信息传递更为清晰、有力，更具可信性。反伊联盟几十万的军队部署意味着巨大的经济成本投入，而英国劳合的演讲看似廉价，实际也有着较高的成本。第一，劳合的演讲也是一种“自缚手脚”的表示，不能兑现承诺将面临国内政治压力、盟友背叛和国际声誉的重大损失。第二，在德国眼里，作为温和派的劳合，他对对德政策的接管，反映出了英国政府内部政治协调成本的投入。正是因为各种派别的协调一致，劳合才能作为代言人发表对德政策宣示。尤其是第二次摩洛哥危机爆发时，英国国内政治派别的分歧正处于相当激烈的状态，劳合的演讲更为不易。第三，劳合演讲之后，英国从内政、军事和外交各方面，都在为“最坏的情况”做着准备。

（三）联盟凝聚力与强制外交战略成败之间存在着复杂的关系

强制外交战略是一项十分复杂的战略，受众多因素的制约和影响，联盟凝聚力既不是联盟强制成功的充分条件，也不是必要条件。本书研究的价值在于提醒决策者，在面对具体的条件和要素时，联盟的强制是否可行，怎样更好地发挥联盟的作用，如何选择相应的运作策略并辅之以操作的技巧。

三、现实启示

不管是联合的强制还是联合的反强制，对决策者来说都充满挑战。没有任何两个盟友之间的目标完全一致，因此，联合的好处与联盟的内耗之间，往往需要决策者小心平衡。决策者必须明白，联盟情境下的强制外交，是一种高度灵活、高度情境依赖的战略，有赖于根据具体的条件和要素采用相应的操作。在此基础上，本书的研究可以为决策者提供以下启示：

首先，选择联合强制或者联合反强制应慎重。联合的好处往往容易被政策协调的困难所抵消，应尽量避免以低凝聚力联盟理想型介入强制外交。联合的目的，必须是有效有力的力量凝聚，而非泛泛的、表面上的协商一致。

其次，要注意控制联盟的规模。一国可以广泛争取国际支持，但是决策的核心只能是“最小获胜联盟”，即在保证获胜的情况下，决策核心国家的规模越小越好。这一概念是抽象和难以操作的，但是能够提醒决策者，要充分考虑对手对各个盟友产生的威胁的性质和程度，充分权衡盟友之间的承诺水平，充分估计盟友间政策协调的困难程度。

最后，决策者要重视威胁信号在联盟情境下可能产生的扭曲。在第二次摩洛哥危机中，德国不对英国的信号做出反应，不向英国发出清晰有力的信号，那么同时也就给了法国利用信息不对称的优势向英国解释、塑造德国意象的空间。

四、本书的不足和改进方面

本书所建构的联盟凝聚力模型，有其一定的适用范围。这个模型是为了解释联盟凝聚力对强制外交实施产生的重要影响，因此它们的逻辑前提建立在联盟实施强制外交这一背景之下。故本书建构的联盟凝聚力模型，主要关注的是外部威胁因素与联盟内部实力结构之间的相互作用和相互影响，而放弃了对联盟内生性因素，如意识形态、战略一致性等的考量。① 联盟的内生性因素当然重要，然而值得进一步深入探讨的是，处于国际危机状态，例如强制与反强制较量下的联盟，其内生性因素会在多大程度上受到外部威胁因素的影响和重构。

本书试图通过对强制信号的分析，来解释联盟凝聚力对强制外交战略的影响，但是这一研究思路面临着研究条件的限制。想要充分而准确地解释由于联盟凝聚力而造成的联盟在信号拟制、信号传递、信号解读和信号反馈方面的影响，需要对大量一手材料的获取。由于可以利用的一手材料并不充分，大量的强制外交案例难以被纳入到这一研究思路的范围中来。即使是本书所选的两个案例，对海湾危机中萨达姆的决策和发生在一战前的第二次摩洛哥危机中各国具体的决策，可供利用的一手材料是十分有限的。这就限制了对提出的信号分析框架进行充分、有效的检验。

本书的另一个不足是案例的有限性。本书仅仅部分检验了提出的联盟凝聚力模型，主要针对理想型 I、II、III、IV、VI 进行了检验，未对理想型 V、VII 进行检验。本书的两个案例均支持了关于不对称性联盟的假设，即只有不对称性联盟中的强国受到高度外部威胁时，联盟凝聚力水平才比较高。因此，可以大致推断，在强国遭受高度威胁而弱国受威胁低的理想型 VI 中，强国领导和控制弱国的意愿和动力比较强，被弱国牵连的担忧较弱，因此凝聚力较高。同时，两个案例对复杂的强制外交运作来说，

① 关于意识形态因素对联盟凝聚力的影响，参见 Thomas J. Christensen, *Worse Than a Monolith: Alliance Politics and Problems of Coercive Diplomacy in Asia*；关于战略一致性对联盟凝聚力的影响，参见李泽："战略行为匹配程度与美国亚太联盟凝聚力"，载《世界经济与政治》，2019 年第 1 期，第 128—155 页。

显然是远远不够的。而在理想型V中，由于强国受威胁低，总体判断联盟凝聚力不高。但是笔者认为，强国出于声誉和地位的需要，在面临低强度的外部威胁时政策顾虑较少，也可能承担起联盟领导的责任。所以，联盟凝聚力可能处于摇摆状态，这有待进一步的案例验证。

本书的继续研究，有待于一手材料的进一步发掘，和强制外交案例的进一步补充。另外，本书提出的结论，目前只局限于对强制外交战略的解释，是否可以扩大适用范围，有待于进一步的研究。

最后，用行为性的方法定义联盟凝聚力，可能存在用盟友之间表面上的一致性掩盖实质上的重大分歧的弊端，用联盟在强制外交战略运用中的绩效表现来衡量联盟凝聚力，又可能忽视联盟凝聚力与强制外交战略成败之间的复杂关系。应该如何更加全面、客观、事实性地评价联盟凝聚力，同时注意区分联盟凝聚力与联盟绩效之间的区别，也有待深入研究。

参考文献

一、中文文献

1. 董柞壮：“联盟类型、机制设置与联盟可靠性”，载《当代亚太》，2014 年第 1 期。

2. 节大磊：“约束盟国的逻辑与困境”，载《世界经济与政治》，2016 年第 3 期。

3. 军事科学院历史研究部：《海湾战争全史》，解放军出版社，2000 年版。

4. 李少丹：“决策意象、意象转变与美国对华政策——以小布什政府对华政策演变为例”，载《当代亚太》，2013 年第 6 期。

5. 李少军：《国际政治学概论》，上海人民出版社，2002 年版。

6. 李杉：“国家联合体的强制外交：联合体内部动力学角度的分析”，上海外国语大学硕士学位论文，2009 年。

7. 李泽：“战略行为匹配程度与美国亚太联盟凝聚力”，载《世界经济与政治》，2019 年第 1 期。

8. 刘丰：“分化对手联盟：战略、机制与案例”，载《世界经济与政治》，2014 年第 1 期。

9. 刘丰：“国际政治中的联合阵线”，载《外交评论》，2012 年第 5 期。

10. 刘丰：“类型化方法与国际关系研究设计”，载《世界经济与政治》，2017 年第 8 期。

11. 刘磊：“从‘大规模报复’到‘有限战争’——艾森豪威尔时期美国有关核战略的争论”，载《美国研究》，2013 年第 2 期。

12. 刘兰、蒋昌建：“联盟情境下试探型强制外交行为探析”，载《世界经济与政治》，2012 年第 6 期。

13. 陆仁：《“沙漠风暴”——海湾战火实录》，中国国际广播出版社，1991 年版。

14. 钱春泰：“美国与强制外交理论”，载《美国研究》，2006 年第 3 期。

15. 钱春泰：“武力威胁与对外政策：强制外交研究”，南京大学博士论文，2004 年。

16. 钱其琛：《外交十记》，世界知识出版社，2003 年版。

17. 邱美荣：“威胁认知与朝核危机”，载《当代亚太》，2005 年第 6 期。

18. 苏若林、唐世平：“相互制约：联盟管理的核心机制，”载《当代亚太》，2012 年第 3 期。

19. 孙德刚：“结盟外交与国际安全竞争中的‘三层博弈’模式”，载《国际论坛》，2018 年第 10 卷第 6 期。

20. 孙德刚：“论新时期中国的准联盟外交”，载《世界经济与政治》，2012 年第 3 期。

21. 唐世平：“联盟政治和中国的安全战略”，载《领导者》，2010 年 10 月。

22. 唐世平：“我们不能停在大战略，美国有中层战略”，载《环球时报》，http：//opinion. huanqiu. com/1152/2012 – 03/2541814.

html，访问时间：2018 年 3 月 20 日。

23. 唐世平：《我们时代的安全战略理论：防御性现实主义》，北京大学出版社，2016 年版。

24. 王绳祖主编：《国际关系史（第 3 卷）：1871—1918》，世界知识出版社，1995 年版。

25. 汪伟民："联盟理论与美国的联盟战略"，复旦大学博士论文，2005 年。

26. 杨毅："安全联盟与经济合作研究——基于四种联盟类型的分析"，载《世界经济与政治》，2011 年第 10 期。

27. 殷罡、秦海波主编：《萨达姆·侯赛因——注定要震惊世界的人》，警官教育出版社，1990 年版。

28. 于铁军：《国际政治中的同盟理论：进展与争论》，载《欧洲》，1999 年第 5 期。

29. 岳晓勇：《动荡中的盟友与对手：美国与海湾国家关系的建立与演进》，世界知识出版社，2013 年版。

30. 张鸿石：《联盟及联盟之后：中国终止联盟的国际政治逻辑及替代战略研究》，时事出版社，2014 年版。

31. 张红、刘会宝："肯尼迪在古巴导弹危机中的战争边缘策略"，载《中南大学学报》，2010 年第 4 期。

32. 张相元、王勇、胡东华主编：《海湾战争纵览》，海潮出版社，1992 年版。

33. 郑达庸：《三进巴格拉：中国外交官亲历海湾战争》，中共党史出版社，2015 年版。

34. 周鲠生：《近代欧洲外交史》，武汉大学出版社，2007 年版。

35. ［美］鲍勃·伍德沃德：《800 天三次出兵——布什领导

核心决策揭秘》，军事译文出版社，1991 年版。

36. ［美］鲍勃·伍德沃德著，军事科学院外国军事研究部译：《统帅们》，法律出版社，1991 年版。

37. ［美］比得·卡赞斯坦主编，宋伟、刘铁娃译：《国家安全的文化：世界政治中的规范与认同》，北京大学出版社，2009 年版。

38. ［美］戈登·克雷格、亚历山大·乔治著，时殷弘、周桂银、石斌译：《武力与治国方略》，商务印书馆，2004 年版。

39. ［美］汉斯·摩根索著，李晖、孙芳译：《国家间政治》，海南出版社，2008 年版。

40. ［美］亨利·基辛格著，国际关系研究所编译室译：《选择的必要：美国外交政策的前景》，商务印书馆，1972 年版。

41. ［美］詹姆斯·多尔蒂、小罗伯特·普法尔茨格拉夫著，阎学通、陈寒溪等译：《争议中的国际关系理论（第五版）》，世界知识出版社，2013 年版。

42. ［美］科林·鲍威尔：《我的美国之路》，昆仑出版社，1996 年版。

43. ［美］肯尼思·华尔兹著，信强译，苏长和校：《国际政治理论》，上海人民出版社，2014 年版。

44. ［美］鲁德拉·希尔、彼得·卡赞斯坦著，秦亚青、季玲译：《超越范式：世界政治研究中的分析折中主义》，上海人民出版社，2013 年版。

45. ［美］罗伯特·K. 默顿著，唐少杰、齐心等译：《社会理论和社会结构》，译林出版社，2015 年版。

46. ［美］罗伯特·基欧汉著，苏长和等译：《霸权之后：世界政治经济中的合作与纷争》，上海人民出版社，2001 年版。

47. ［美］罗伯特·基欧汉、约瑟夫·奈著，门洪华译：《权力与相互依赖》，北京大学出版社，2002 年版。

48. ［美］罗伯特·杰维斯著，秦亚青译：《国际政治中的知觉与错误知觉》，上海人民出版社，2015 年版。

49. ［美］罗伯特·杰维斯著，徐进译：《信号与欺骗：国际关系中的形象逻辑》，中央编译出版社，2017 年版。

50. ［美］罗德尼·卡莱尔著，孙宝寅、孙卫国译：《美国人眼中的海湾战争》，当代中国出版社，2006 年版。

51. ［美］皮埃尔·塞林格、［法］埃里·洛朗：《海湾战争——秘密档案》，世界知识出版社，1991 年版。

52. ［美］斯蒂芬·沃尔特著，周丕启译：《联盟的起源》，北京大学出版社，2007 年版。

53. ［美］斯蒂格利茨著，纪沫、陈工文、李飞跃译：《信息经济学：基本原理》，中国金融出版社，2007 年版。

54. ［美］托马斯·谢林著，毛瑞鹏译：《军备及其影响》，上海人民出版社，2011 年版。

55. ［美］亚历山大·温特著，秦亚青译：《国际政治的社会理论》，上海人民出版社，2008 年版。

56. ［沙特］哈立德·本·苏尔坦、［英］帕特里克·希尔：《沙漠勇士——联合部队司令对海湾战争的己见》，军事谊文出版社，1996 年版。

57. ［英］马丁·怀特著，［英］赫德利·布尔、卡斯滕·霍尔布莱德编，宋爱群译：《权力政治》，世界知识出版社，2004 年版。

58. ［英］温斯顿·丘吉尔著，吴良健译：《第一次世界大战回忆录（一）：世界危机（1911—1914）》，青岛出版社，2014 年版。

二、英文文献

59. Alastair I. Johnston, *Cultural Realism: Strategic Culture and Grand Strategy in Chinese History*, Princeton: Princeton University Press, 1995.

60. Albert V. Carron, Lawrence R. Brawley, "Cohesion: Conceptual and Measurement Issues", *Small Group Research*, Vol. 31, No. 1, 2000.

61. Alexander L. George and William E. Simons eds., *The Limits of Coercive Diplomacy 2nd edn.*, Brown, 1971.

62. Alexander L. George, *Forceful Persuasion: Coercive Diplomacy as an Alternative to War*, Washington: Institute of Peace Press, 1991.

63. Alexander L. George and William E. Simons eds., *The Limits of Coercive Diplomacy 2nd edn.*, Boulder, Colo: Westview Press, 1994.

64. A. J. Lott and B. E. Lott, "Group Cohesiveness and Interpersonal Attraction: A Review of Relationships with Antecedent and Consequent Variables", Psychological Bulletin, 64, 1965.

65. Andrew C. Winter, "You and What Army? Coalitions and Coercive Diplomacy", Ph. D. dissertation, University of Maryland, 2002.

66. Andrew Scobell, *China's Use of Military Force beyond the Great Wall and the Long March*, New York: Cambridge University Press, 2003.

67. Andrew Scott, *The Functioning of the International Political System*, New York: Macmillan, 1967.

68. Arnold Wolfers, *Discord and Collaboration*, Baltimore: Johns Hopkins University Press, 1962.

69. Arthur A. Stein, "Conflict and Cohesion: A Review of the Litera-

ture", *The Journal of Conflict Resolution*, Vol. 20, No. 1, 1976.

70. Brandford Dismukes & James McConnell eds., *Soviet Naval Diplomacy*, New York: The Pergamon Press, 1979.

71. Branislav Slantchev, "Military Coercion in Interstate Crises", *American Political Science Review*, Vol. 99, No. 3, 2005.

72. Bruce M. Russett, "An Empirical Typology of International Military Alliances," *Midwest Journal of Political Science*, Vol. 15, No. 2, 1971.

73. Charles Fritz and Henry Williams, "The Human Being in Disasters: A Research Perspective", *Annals*, 309, 1957.

74. Charles W. Kegley and Gregory A. Raymond, *From War to Peace: Fateful Decisions in International Politics*, Bedford/St. Martin's, 2002.

75. Christer Jösson, ed., *Cognitive Dynamics and International Politics*, London: Frances Pinter Limited, 1982.

76. Daniel Byman and Matthew Waxman, *The Dynamics of Coercion: American Foreign Policy and the Limits of Military Might*, New York: Cambridge University Press, 2002.

77. Daniel Byman and Matthew Waxman, "Defeating U. S. Coercion", *Survival*, Vol. 41, Iss. 2, 1999.

78. Daniel Byman, Matthew Waxman and Eric Larson, *Air Power as A Coercive Instrument*, Washington D. C.: RAND, 1999.

79. Drennan, William M., "Nuclear Weapons and North Korea: Who's Coercing Whom?" in Robert J. Art and Patrick M. Cronin eds., *The United States and Coercive Diplomacy*, Washington DC: The Untied States Institute of Peace, 2003.

80. Edwin H. Fedder, "The Concept of Alliance", *International*

Studies Quarterly, Vol. 12, No. 1, 1968.

81. Eric Herring, *Danger and Opportunity*: *Explaining International Crisis Outcomes*, Manchester University Press, 1995.

82. Erich Reiter and Heinz Gartner, eds. , *Small States and Alliances*, New York: Physica – Verlag, 2001.

83. Evans, William, Harris, Daniel J. , ed. , Political and Economics of the Middle East, New York: Nova, 2008.

84. Fred Chernoff, "Stability and Alliance Cohesion", *Journal of Conflict Resolution*, 34, No. 1, 1990.

85. Louise Richardson, *When Allies Differ*, New York: St. Martin's Press, 1996.

86. Gary Bornstein, "Intergroup Conflict: Individual, Group, and Collective Interests", *Personality and Social Psychology Review*, 7, 2003.

87. George Bush and Brent Scowcroft, A World Transformed, New York: Random House, 1998.

88. George Liska, *Nations in Alliance*: *The Limits of Interdependence*, Baltimore: Johns Hopkins University Press, 1962.

89. George Modelski, "The Study of Alliance: A Review", *Journal of Conflict Resolution*, 7, No. 4, 1963.

90. George Simmel, *Conflict and the Web of Group – Affiliations*, New York: Free Press, 1955.

91. Glenn H. Snyder, *Alliance Politics*, Ithaca and London: Cornell University Press, 1997.

92. Glenn Snyder, "The Security Dilemma in Alliance Politics", *World Politics*, Vol. 36, No. 4, 1984.

93. G. H. Snyder and P. Diesing, *Conflict among Nations*, NJ: Princeton University Press, 1977.

94. Hans J. Morgenthau, "Alliance in Theory and Practice", in Arnold Wolfers, ed. , *Alliance Policy in the Cold War*, Baltimore, Md. , 1959.

95. Hans J. Morgenthau, *Politics Among Nations: The Struggle for Power and Peace*, New York: McGraw – Hill, 1985.

96. Ima Christina Barlow, *The Agadir Crisis*, US: Archon Books, 1971.

97. Jack S. Levy, "Deterrence and Coercive Diplomacy: The Contributions of Alexander George", *Political Psychology*, Vol. 29, No. 4, 2008.

98. James M. Goldgeier and Philip E. Tetlock, "Psychology and International Relations Theory", *Annual Review of Political Science*, Vol. 4, 2001.

99. James O' Leary, "Economic Relationships Among the Allies: Sources of Cohesion and Tension", in Alan Ned Sabrosky ed. , *Alliances in U. S. Foreign Policy: Issues in the Quest for Collective Defense*, Boulder: Westview, 1988.

100. J. David Singer and Melvin Small, "Formal Alliances, 1815 – 1965: An Extension of the Basic Date", *Journal of Peace Research*, VI, 1969.

101. Jonathan Mercer, *Reputation and International Politics*, Ithaca: Cornell University Press, 1996.

102. Julian Friedman, "Alliance in International Politics", in Julian Friedman, Christopher Bladen, and Steven Rosen, eds. , *Alliance in International Politics*, Boston, 1970.

103. Jonathan T. Howe, *Multicrises: Seapower and Global Politics in the Missile Age*, Cambridge MA: MIT Press, 1971.

104. Kenneth Boulding, *Conflict and Defense: A General Theory*, New

York: Harper & Row, 1962.

105. Kenneth E. Boulding, *The Image: Knowledge in Life and Society*, Ann Arbor: University of Michigan Press, 1956.

106. Kenneth A. Schultz, *Democracy and Coercive Diplomacy*, Cambridge: Cambridge University Press, 2001.

107. Klaus Knorr, "Threat Perception", in Klaus Knorr, ed. , *Historical Dimensions of National Security Problems*, Kansas: Lawrence Press, 1976.

108. Kyriacos C. Markides and Steven F. Cohn, "External Conflict/Internal Cohesion: A Reevaluation of an Old Theory", *American Sociological Review*, Vol. 47, No. 1, 1982.

109. Lawrence Freeman ed. , *Strategic Coercion: Concepts and Cases*, Oxford: Oxford University Press, 1998.

110. Lewis Coser, *The Function of Social Conflict*, New York: Free Press, 1956.

111. Mark R. Amstutz, *International Conflict and Cooperation: an Introduction to World Politics*, Boston: McGraw – Hill College, 1999.

112. Marco Cesa, "From Hegemony to Ambivalence: NATO's Transformation and European Stability", *Fellowships Programme* 1997 – 1999, Final Report Submitted to NATO, Office of Information and Press, June 30, 1999, available at https: //www. nato. int/acad/fellow/97 – 99/cesa. pdf.

113. Matthew C. Waxman, "Coalitions and Limits on Coercive Diplomacy", *Strategic Review*, 1997.

114. Michael Mandelbaum, *The Nuclear Revolution: International Politics Before and After Hiroshima*, New York: Cambridge University

Press, 1981.

115. Michael Sullivan, *International Relations: Theories and Evidence*, Englewood Cliffs, NJ: Prentice Hall, 1976.

116. Michael Watkins and Susan Rosegrant, *Breakthrough International Negotiation: How Great Negotiators Transformed the World's Toughest Post – Cold War Conflicts*, San Francisco, CA: Jossey – Bass, 2001.

117. Milly Casey – Campbell and Martin L. Martens, "Sticking It All Together: A Critical Assessment of the Group Cohesion – Performance Literature", *International Journal of Management Reviews*, Vol. 11, Issue 2, 2009.

118. Mitchell Reiss, *Bridled Ambition: Why Countries Constrain Their Nuclear Capabilities*, Washington, DC: Woodrow Wilson Center Press, 1995.

119. Morton Kaplan, *System and Process in International Politics*, New York: John Wiley, 1957.

120. Muzafer Sherif and Carolyn Sherif, *Groups in Harmony and Tension*, New York: Harper & Row, 1953.

121. M. Brecher, "Towards a Theory of International Crisis Behavior", *International Studies Quarterly*, March 1977.

122. M. Mulder and A. Stemerding, "Threat, Attraction to Group, and Need for Strong Leadership: A Laboratory Experiment in a Natural Setting", *Human Relations*, 16, 1963.

123. Ole P. Holsti, "East – West Conflict and Sino – Soviet Relations", *Journal of Applied Behavioral Science*, 1, 1965.

124. Ole P. Holsti, Terrence Hopmann and John Sullivan, *Unity and Distintegration in International Alliances*, New York: John Wiley, 1973.

125. Ole P. Holsti, Robert North and Richard A . Brody, "Perception and Action in the 1914 Crisis", in J. David Singer, ed. , *Quantitative International Politics*, New York: Free Press, 1968.

126. Patricia A. Weitsman, "Alliance Cohesion and Coalition Warfare: The Central Powers and Triple Entente", *Security Studies*, 12, No. 3, 2003.

127. Peter Viggo Jakobsen, *Western Use of Coercive Diplomacy after the Cold War: A Challenge for Theory and Practice*, New York: St. Martin's Press, 1998.

128. Stanley M. Gully, Dennis J. Devine and David J. Whitney, "A meta – analysis of Cohesion and Performance: Effects of Level of Analysis and Task Interdependence", *Small Group Research*, Vol. 43, Issue 6.

129. Ralf Dahrendorf, *Class and Class Conflict in Industrial Society*, Stanford, CA: Stanford University Press, 1959.

130. Ralf Dahrendorf, *Essays in The Theory of Society*, Stanford, CA: Stanford University Press, 1968.

131. Robert A. Pape, *Bombing to Win: Air Power and Coercion in War*, Ithaca, NY: Cornell University Press, 1996.

132. Robert D. Putnam, "Diplomacy and Domestic Politics: The Logic of Two – Level Games", *International Organizations*, Vol. 42, No. 3, 1988.

133. Robert Hamblin, "Group Integration during a Crisis", *Human Relations*, 11, 1958.

134. Robert J. Art and Patrick M. Cronin, eds. , *The United States and Coercive Diplomacy*, Washington, D. C. : U. S. Institute of Peace Press, 2003.

135. Robert Levine and Stephen Walker, *Ethnocentrism: Theories of Conflict, Ethnic Attitudes, and Group behavior*, New York: John Wiley, 1972.

136. Robert Osgood, *Alliances and American Foreign Policy*, Baltimore: The Johns Hopkins Press, 1968.

137. Robert Rothstein, *Alliances and Small Powers*, New York: Columbia University Press, 1968.

138. Robin M. Williams, Jr., "The Reduction of Intergroup Tensions", *Social Science Research Council*, No. 57, 1947.

139. Rose McDermott, *Political Psychology in International Relations*, Ann Arbor: The University of Michigan Press, 2004.

140. Roterta Wohlstetter, *Pearl Harbor*, Stanford: Stanford University Press, 1962.

141. Stephen J. Cimbala, *Military Persuasion: Deterrence and Provocation in Crisis and War*, Pennsylvania: The Pennsylvania State University Press, 1994.

142. Tang Shiping, "Outline of a New Theory of Attribution in IR: Dimensions of Uncertainty and Their Cognitive Challenges", *The Chinese Journal of International Politics*, Vol. 5, 2012.

143. Terrence Hopmann, "International Conflict and Cohesion in the Communist System", *International Studies Quarterly*, 11, 1967.

144. Thomas J. Christensen and Jack Snyder, "Chain Gangs and Passed Bucks: Predicting Alliance Patterns in Multipolarity", *International Organization*, Vol. 44, No. 2, 1990.

145. Thomas Schelling, *Arms and Influence*, New Haven, Conn: Yale University Press, 1966.

146. Thomas Schelling, *The Strategy of Conflict*, Cambridge, MA:

Harvard University Press, 1960.

147. Timothy W. Crawford, " Preventing Enemy Coalitions: How Wedge Strategies Shape Power Politics", *International Security*, Vol. 35, No. 4, 2011.

148. Timothy W. Crawford, " Wedge Strategy, Balancing, and the Deviant Case of Spain, 1940 – 41 ", *Security Studies*, Vol, 17, No. 1, 2008.

149. US Department of State, ed. , *American Foreign Policy. Current Documents*, 1958, Washington D. C. , Government Printing Office 1962.

150. Vincent A. Auger, " Revisiting Coercive Diplomacy: Coalition and Domestic Constraints", paper delivered at the 1999 annual meeting of the American Political Science Associations, Sep. 2 –5, 1999.

151. William R. Thompson and David P. Rapkin, " Collaboration, Consensus, and Détente: The External Threat – Bloc Cohesion Hypothesis", *The Journal of Conflict Resolution*, Vol. 25, No. 4, 1981.

后　记

这本小书脱胎于笔者博士学位论文《联盟政治与强制外交：联盟凝聚力对强制外交的影响分析》（上海外国语大学，2019年）。为了验证本课题的假设，笔者总共研究分析了四个案例。由于各种原因，本书仅收进了两个，感兴趣的读者可查阅笔者博士论文关于另外两个案例的分析。

本课题从开始落笔，到最终成书出版，断断续续、零敲碎打多年才基本完成，如此拖沓实非本意。政治是平衡的艺术，外交是妥协的产物。外交决策者和参与者面临复杂多变的环境和多重博弈的困境，其如履薄冰、小心平衡、审慎求解的艰难，非当事之人恐难以体会。政治家和外交官的“高大”与“光鲜”自然离我甚远，但是几年来在学业与职业、个人与家庭、父亲和儿子等几对关系之中不断调整妥协，竟也让我对平衡的艰难有了些许感同身受。小书尽管拙劣，但其中投入的时间和精力、做出的妥协和牺牲、忍受的压力和唠叨、寄托的追求和责任，大概非当事之人也难以体会吧。敝帚自珍，分外感慨。

谨以此书献给我的父母。多年在外求学、工作，对父母失之关心和照顾，深感自责。个人能力、际遇有限，难有值得一提的成绩。小书一部，聊表我对父母的感激之情，稍以宽慰我作为儿子的愧疚之意。

感谢各位师长。恩师胡礼忠教授在我“漫长”的写作过程中，给予了充分的指点、支持、信任和宽容。感谢汪宁教授、郭树勇教授、毕洪业教授、刘宏松教授、石源华教授、唐朱昌教授、仇华飞教授等，他们对文章提出了宝贵修改意见。感谢雷明薇编辑，她高效细致的工作保证了本书顺利出版。感谢上海外国语大学，为课题研究和专著出版提供了资助。

感谢我的爱人。在追求“最优解”的平衡式中，她往往是被我更多平衡掉的一方。她为了整个家庭和两个孩子的成长做出了最多的牺牲。感谢我的岳母，帮我分担了众多的后顾之忧。感谢我的两个孩子，在我刚开始博士课程学习和论文构思之时，他们一个刚开始学说话，另一个还是襁褓中的婴儿，如今，他们已经能够机智地与我讨价还价，利用某些“威胁”让我做出让步。他们的表现，也让我对本书这一高度政治性的研究选题，有了更加温情、人性化和生活化的理解。

李杉

2021 年 4 月